You are what 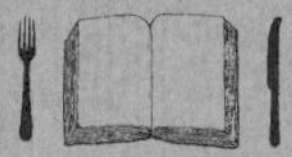 you read.

あなたは読んだものに他ならない

服部文祥
Bunsho Hattori

本の雑誌社

you are what you read.

あなたは読んだものに他ならない

目次

はじめに

一個一四円の卵から考える食と読から作られる我

ニワトリを飼っている。日中は庭に放し、エサは残飯。庭で虫や草を勝手に食べるものの、七羽もいる（最多時には一一羽いた）ので、家族の残飯だけではエサが足りず、農協から購入した配合飼料もやっている。

はじめて配合飼料を手にしたとき、ふと「これはなんだ」と引っかかった。同じニワトリでも採卵用と食肉用でエサの内容は違い、ヒヨコか成鳥かによっても配合が違う。値段も様々。

このエサはそもそも「楽しいニワトリ飼育」のためにあるのではない、と気がついた。養鶏場がたくさんのニワトリを効率よく飼うために存在するのだ。手軽で効率よくたくさんの卵を産ませるため、もしくは食肉用のニワトリを太らせるためにある。エサは飼育であれば楽しみのど真ん中だが、養鶏という仕事であれば、ど真ん中ゆえにドライでシビアなビジネスのど真ん中になるわけだ。

この配合飼料の小売り値段が安いもので二〇キロ二〇〇〇円くらい。これを七羽がおおよそひと月半で食い尽くす。残飯や屑米など他に与えているものを加味すると、エサのランニングコストはおおよそ、ひと月二〇〇〇円と考えられる。

飼っているニワトリはロード・アイランド・レッド（採卵食肉兼種）で、調子がいいと一羽が年間二八〇個の卵を産む。一日約〇・八個の計算になり、メスは六羽なので一日四・八個。ひと月で一四四個となる。飼料代二〇〇〇円を一四四個で割ると約一四円、これが我が家の卵一個のコストということになる。

ときどき近所のスーパーの特売で目玉商品になる卵は、一〇個入り一パック一〇〇円。一個一〇円である。お一人様一パック限定なので、近所の友人は子どもまで動員して買いに行く。

残飯と放し飼いを中心に、できるだけコストがかからないように飼っているつもりなのに、我が家では卵一個一四円のランニングコストがかかってしまう。

おかしい。

私はどうやらニワトリに贅沢をさせすぎている……とは考えなかった。もっとストレートにスーパーで売っている通常一パック一五〇円、特売日一パック一〇〇円の卵を疑った。いったいどんな配合飼料を食べさせればあんな値段で売れるのだろう？

疑問を保留したまま、近所の大型スーパーマーケットに行った。買い物客の一人としてレジの順番を待つ自分が、配合飼料を持ってきた人間の周りに集まってくる我が家のニワトリと重なった。ああ、人間とニワトリってけっこう似ているなあと思ったそのときだった。

もしかして自分が買い物カゴに入れているものも人間用の配合飼料なのではないのか？　とドキッとした。あわてて食料棚を振り返った。お肉コーナーの肉類は途中に家畜というフィルターが入っているだけで元々は配合飼料に他ならない。野菜コーナーに救いを求めるように視線を移すが、化学肥料と農薬の世話になっていない野菜が見当たらない。鮮魚は？　お願いだから養殖魚にまともなペレットを食べさせてあげてください。

you are what you ate（あなたは食べたものに他ならない）という言い回しが英語圏にある。ニワトリの卵も、ニワトリの食べたものそのものだ。鹿を撃ってきて、雑肉や内臓を与えると、卵も美味《おい》しくなる。そんな卵は、テレビCMのように黄身を箸で持ち上げることもできる。鹿の雑肉を食べさせたり、川の土手から雑草を取ってきたりするなどの手間ひまを経費として換算し、まともな配合飼料を食べさせたら、おそらく卵一個の値段は五〇円くらいになると思う。

スーパーで売られている肉も卵も、もとをたどれば配合飼料である。配合飼料のもとは穀物や野菜だ（もしくは肉骨粉）。その配合飼料は安ければ安いほど、その原料は人工窒素で促成させた穀類や野菜か、遺伝子組み換えで効率を上げた穀類か野菜である。そうじゃなくてはつじつまが合わない。

同じものを安く買うのが「賢い」買い物だとされている。だが同じに見える卵も肉も、その中身は値段で全然違う。安いものを探し、「賢い」買い物をすることで、私は自分がとんでもない「間抜け」であることを証明しつづけていたわけだ。そんなちょっと考えれば当たり前のことを私は間抜けそうなニワトリに教わったらしい。

本書の主題は、私のライフワークに影響を与えたり、資料として参照したりした「面白本」を紹介することである。私が憧れる世界観を上手に表現している愉快な作品や過去の探検記、パラダイムシフト的発見を報告するサイエンスノンフィクションなども取り上げる。

私のライフワークは登山であり、その登山はサバイバル登山である。サバイバル登山とは食料や燃料を現地調達しながら、できるだけ現代装備や現代文明に頼らずに、長期間野生環境（山岳地帯）を旅する登山である。見た目は普通の登山と変わらない。夏は竿を持った沢登り、冬は猟銃を持った雪山登山だ。普通の登山との一番の違いは、現地で食料を調達し、さばいて、焚火で料理して、食べることである。食料の調達とは捕まえて殺すことだ。

山に生えている食べられるものを教えてくれたのは、いわゆる図鑑だった。食べられる山野草図鑑とキノコ図鑑。だが書籍で得た知識だけで、初体験の食べ物に挑むのは、ちょっとした度胸が必要だった。草やキノコより、どちらかといえば、動物性タンパク質のほうが不安はない。日本の山では、ヒキガエルの毒やイモリの毒以外は、口に入れて問題になるものはほぼないからだ。捕まえるときに毒ヘビに嚙み付かれないように気をつけるくらいである。

食は極論すると慣れである。そういう意味では図鑑などの資料より、柳田《やなぎた》国男の報告や、白土《しらと》三平のマンガなどにちりばめられた、小さなエピソードに励まされることのほうが多かった。柳田の『遠野物語』には山にこもった女性が里に下りてきたとき、手に虫を持って、ぽりぽり食べていた、という記述がある。強敵との闘いで気配を消し我慢比べになったサスケは目の前に這ってきたカタツムリを食べる（我々は生食は避けたほうが無難）。昔の山行記、たとえば江戸時代の黒部奥山廻りの記録ではライチョウやウサギを捕って食べている。『風雪のビヴァーク』で有名な松濤《まつなみ》明はヒキガエルを食べたと、山行記で当たり前のように書いている。『本多勝一《かついち》はこんなものを食べてきた』は現代人の食に関する常識を壊してくれる。信州伊那は昆虫食の殿堂、そこで育った本多勝一の大好物は大トロでも餃子でもなくゴトウムシ（カミキリムシの幼虫）だったらしい。

食べたものが自分自身を作る、と先に書いた。同時に私は、これまで読んできた書物からも作られている。山で飢え、ヤギのごとく紙を食べて……というわけではなく、読書で触れた世界が時に決定的に私の進む方向に影響し、エピソードが私の世界観を補強し、思いもしなかった考え方が私を救ってくれた。

そういう意味で、I am what I read　私は読んできたものに他ならない。

二〇一五・〇七

史上最高の人類ナンセンの究極の旅『極北』を読む

『極北　フラム号北極漂流記』

フリッチョフ・ナンセン著／加納一郎訳（中公文庫ＢＩＢＬＩＯ）

狩りでも、釣りでも、山菜採りでも、狩猟採集してそれを食べるという話を人前でしたあとには、聞き手の感想は「いただきますの意味を知った」もしくは「これからも食べ物への感謝を忘れずに……」と相場が決まっている。

その手の感想は聞き飽きたと「殺し食い」をネタに文筆活動をしている内澤旬子さんと意見が一致したことがある。

何かを食べることは後ろめたいことなのだろうか。食べ物に対する感謝や「いただきます」という言葉が免罪符のようになっているのはなぜなのだろう。

すべての生き物が「生き続けたい（死にたくない）」という思いを持っている（ように見える）。「生きたい」と思っている動物の命を、自分が生き続けるために終わらせて食べる。それは自分の「生きたい」を優先させていることに他ならない。我ながらその自分の傲慢さに心が痛む。ならば少なくとも、自分のために死んだ命に感謝くらいしよう、ということで「いただきます」。

やっぱりそれはそれでいいのかもしれない。

話は変わるが、フリッチョフ・ナンセンは人類史上最高の人間である。世の中にそれが広く行き渡っていないのは、ナンセンの発想と行動力の規模が我々凡人とは違いすぎるからだ。一九世紀のおわりに、北極の凍り付いた海がゆっくり動いていることを証明しようと、頑丈な船（フラム号）を氷海に進入させて、凍り付いたまま四年間過ごすことにした。しかも密かに、凍り付いたまま北極点を通過しちゃおう、と目論んでいた。人類初の北極点到達である。

氷海は予想通り動いていた。だが、しめしめとほくそ笑んでいられたのはほぼ一年。それまでの移動ルートから予測する進行方向は、大きく北極点から外れていた。ナンセンは船を離れて、北極点に向かって出発する（ちゃっかり犬やソリなどを用意していた）。

船を離れたら船には戻れない。この一年で自分たちが証明したように、北極海は流動しているからだ。かまわずナンセンは船を離れ北極点を目指し、北極点にいちばん近づいた記録を樹立するものの、このまま進むと死ぬ、と判断して回れ右して、ユーラシア大陸へ向かう。南下するものの、自分たちがどこにいるのかわからなくなり、夏の間に帰れないと判断し、氷上の島で越冬することにした。シロクマを撃ち、セイウチを撃ち、凍り付いた斜面を掘って岩小屋を作り（広さは一坪ほど）、セイウチ牙の棟を掛け、皮で屋根を葺《ふ》く。冬になり、太陽がまったくでない極夜の下、一日二〇時間眠り、セイウチの脂を燃やし、シロクマの肉を食べて春を待った。春になり再び南へ出発しようとしたとき、ナンセンの体重は増えていたという。そして越冬の報告はこう締めくくられる。

〈弾薬の予備はライフルの弾が一〇〇発と散弾が一一〇発あった。これだけあれば、まだ数回の

冬に充分だ〉

越冬が終わってなお、ノルウェーに帰り着くまでは、何度でも越冬する覚悟があったということだ。すごすぎる。北極圏を旅しながら、いろいろなものを自分でつくりだす。衣服や靴を毛皮から作る。イトを作ろうととっておいたセイウチの背中の腱をキツネに食べられて、怒り、すぐ次の瞬間にシロクマの足跡を見つけて、興奮しながら追いかける。シロクマと素手で戦う。満潮にさらわれて流されたカヌーを泳いでとりにいく。〈私がナイフを鞘から抜いてアザラシの喉に突き刺すと、血がドッとあふれだし、水面は遠くまで赤く染まった。素晴らしい食べ物になる血が、無駄になっていくのがとても残念だった〉と肉を得たことより、ブラッドプディングを失ったことを悔やむ。〈焼いた骨は苦労してすりつぶし、均質な細粉にして脂肪油と混ぜる。こんな苦労の末に作った（ソリ用の）ペイントはまるで使いものにならなかった〉。

駆け出しの狩猟者だったころ、私は獲物が獲れなかった。狩猟技術（射撃や待ち伏せ、ストーキング）以上に「獲物との間合い」が狩猟行為のカギなのではないかと感じていた。ところが世の中には、その間合いを想像させてくれる、ケモノを撃ち殺す瞬間の情景を報告する文章が、ほとんどなかった。

ナンセンがシロクマを撃って食っていたことを思い出し、昔読んだ極地探検の本を本棚から掘り出した。パラパラとめくって一枚の写真が目についた。「ホームシック」と題のついたフラム号探検の有名な写真だ。

背の高いナンセンが氷上に座り込み、奥でフラム号が海に浮かんでいる。頑丈なフラム号を造って、五年分の食料と燃料を積み込み、北極海で氷漬けになって北極海を横断する。そんな巨大なスケールの探検を計画実践する探検家もホームシックになる。ナンセンも人の子であることを伝えるその微笑ましい写真をよく見ると……フラム号の甲板にホッキョクグマやアザラシの毛皮がところ狭しと干されていた。

「そんだけ殺して食ってホームシックかい！」

狩猟の世界に入門したばかりだったが、狩猟者が命に対してドライであることには気がついていた。ケモノを殺すということは、毎度毎度「いつかは自分にも死ぬ番が来る」と確認することである。体験を重ねるほどに、猟師は自分の命を冷めた目で見るようになっていく。ナンセンも命にナイーブではない。鈍感でもない。命とは何かを知っているゆえの迫力にあふれている。私が山や獲物に求めているものも、たぶんそこにある。

フラム号の北極圏横断の後半で、探検隊は久しぶりにシロクマを仕留めて食べる。

〈みんなはまた近いうちにクマ公があらわれてくれればいいと願いながら、腹いっぱい食べた〉

「いただきます」を超えた「いただきます」。「超いただきます」である。私もいつか、いただきますを超えたい。

二〇一五・〇八

現象はすべて命だ　デルスーを世に知らしめたアルセーニエフ

『デルスー・ウザーラ』

アルセーニエフ著／長谷川四郎訳（河出書房新社）

オヤジになってしまったのだろう。話しているうちに感極まって声が震え出してしまうことが多くなった。カエルを食べ、ヘビを食べ、鹿を撃ち殺してマッチョを売りにするおっさんが、本のエピソードを話していて泣き出したら、かなり変わった奴だな、と私でも思う。

最近、話すと泣いてしまうので、紹介するときは細かいエピソードにはあえて触れないようにしている本は『七帝柔道記』『3月のライオン』、古いところでは『一瞬の風になれ』『スラムダンク』『ヒカルの碁』、山岳書では『霧の山稜』『岳人列伝』『おれたちの頂』である（マンガばっかりだ）。

『デルスー・ウザーラ』も、そのひとつ。ナンセンやシャクルトン、植村直己の本では泣かないのに、デルスーには泣かされてしまう。自然とともに生きるけなげさに、勝手に感情移入しているからだろうか。

デルスー・ウザーラを知らないひとのために簡単に紹介しておこう。

二〇世紀初頭、沿海地方とハバロフスク地方（北海道とサハリンの海を挟んだ西側の大陸）をロシアの探検隊が調査した。アルセーニエフ隊長率いる探検隊はデルスー・ウザーラという現地人（ゴリド人）の猟師に出会う。一帯の地理に詳しく、天気予報は百発百中、射撃の腕は超一級。動物や植物だけでなく、物質や自然現象にも人格を認めて話しかけるデルスーに、隊長のアルセーニエフは魅せられ、意気投合する。探検隊に加わったデルスーは、培った知識技量を惜しみなく提供し、隊を大小の危機から救うキーマンとなる。そしていつしかデルスーは探検隊になくてはならない存在になり、アルセーニエフの生涯の友人となっていく。なおアルセーニエフは、前節で紹介したナンセンと同時代人で交友があった。

一九〇六年の探検が終わろうとするとき、アルセーニエフがデルスーに、手伝ってくれたことに対する感謝の報酬を渡そうとする。デルスーは必要なものはクロテンを獲って交換するからと、報酬を受け取らない。それでも引き下がらないアルセーニエフに対して、デルスーは顔を赤らめ、うつむきながら、小さな声で言う。

「弾丸を少しもらえるとありがたい」

私が泣き声になってしまうのはこのシーンだ。文字にすると「どこが泣けるの？」という感じだが、ここをひとに話そうとして、私はいつも途中で不自然に黙り込んで唇を噛むことになる。

夜、キャンプの周辺で物音がする。アルセーニエフはクマか？　とデルスーに聞く。

「夜が終わったら、足跡をみて、わかる」とデルスーは言う。

朝になったらでも、夜が明けたらでもなく「夜が終わったら」である。長谷川四郎さんの訳もうまいのだろう。

自然現象や天体運動にまで人格や意志をみとめて世界を捉えるデルスーの非科学的世界観は、隊員から時に小馬鹿にされたりする。だがアルセーニエフだけは、彼を見下すことなく、敬意と友情をもってつきあい続ける（デルスーは自分が正しいと信じているので小馬鹿にされても意にかいさない）。現地人を見下すことがないアルセーニエフのやや西洋離れした態度こそが、デルスーを世に伝えたカギである。

デルスーにとっても、アルセーニエフと出会えたことは幸運だったはずだ。アルセーニエフのおかげでデルスーの天才ぶりが文字として残り、文明世界に知られることになった。全人類史を見渡せば、デルスーの他にも天才的な猟師や山人はいたはずだ。私はそんな男にチュコト半島（ロシアの北東端）で出会った。その話を拙著『ツンドラ・サバイバル』（みすず書房）に書いている（さりげなく宣伝）。

ビンをロープに吊して、射撃の練習をしていた隊員に、ビンがもったいないと言って、ロープを撃ち抜き、ビンを持って行ってしまうデルスー。撃っても運べない獲物は見逃すデルスー。天気予測の判断になっている現象（ヒゲの湿気具合とか）を淡々と語るデルスーなどなど、デルスーの驚くべき才能やタイムリーな機転、技能などの伝説を伝えるエピソードはテキストの随所にちりばめられていて、本書はどこを開いても、そこに引き寄せられるように、読みはじめることができる。星野道夫が文明社会から離れる長期間の撮影行に本書を持っていくのを習慣としていたのは有名だ。

渡り鳥が越えていく峠にアルセーニエフと二人して陣取り、アルセーニエフは散弾銃で、デルスーはライフルで、飛んでいくカモを撃つ。ライフルで落とす方がはるかに難しいが、デルスーは一〇中八、九を当てる。アルセーニエフがそれを褒める。デルスーが口を開いてひとこと。

「若いころは撃ち損じなんかなかった」

私は、狩猟経験を積むほどに、デルスーの存在やその世界観への憧れ、尊敬を強くしている。デルスーの生き方は、自然と現代文明の狭間《はざま》に身を置き、自分の力で生きていく人間のあるべき姿の一つといっていい。

※本書はいくつかのバージョンがあり「デルス」の次の一文字の扱いで分類される。おすすめは『デルスー・ウザーラ』河出書房新社版。出会いから終焉までのすべての探検が報告される。ほかに東洋文庫版『デルスウ・ウザーラ』(翻訳は同じ長谷川さん)は新刊購入可能だが、収録は一九〇七年の三回目の探検行の報告だけ。加藤九祚訳角川文庫版『デルス・ウザーラ』は全体の抜粋(絶版)。関連書に『おれ にんげんたち』『タイガを通って』などがある。

二〇一五・〇九

攻撃の直前ヒグマは立ち上がる　モンゴロイドよその隙をつけ

『秘境釣行記』『羆吼ゆる山』『アラシ』

今野保著（中公文庫）

前節の紹介文を書いていて、デルスー・ウザーラ熱が再燃してしまい、昭和一六年発行の『ウスリー探検記』（朝日新聞社版）を購入した。定価一圓五十錢が二五〇〇円。著者であるアルセーニエフの探検記は四冊あり、内二冊にデルスーが登場する。『ウスリー探検記』と『ウスリー紀行』である。河出書房新社版『デルスー・ウザーラ』のみ二冊の合本で、他二社から出ている「デルス」は「ウスリー紀行」のみが収録されている（アルセーニエフの著書は他に『シホテアリニ山脈にて』と『タイガを通って』がある。後者は東洋文庫に入っている）。

古本屋から届いた『ウスリー探検記』を開いてびっくり。前々節で紹介したナンセンがなんと序文を書いていた。ふたりに交友があったことは知っていたが、まさか「デルスー」の原本にナンセンが序文とは！　デルスーとナンセンが曽爺さんだと信じている私にとって、この発見は朝刊一面四段ぶち抜き級なのだが、この衝撃を分かち合う仲間はいない。

アルセーニエフとナンセンが活躍したのは一二〇年ほど前。二〇歳の頃は一〇〇年前なんて遥か昔だと思っていたが、四〇を過ぎるようになると、人生の三倍なので、それほど遠くないことのように思えてくる。ここで紹介する本の著者、今野保さんは一九一七年生まれ。もしご存命なら九八歳？　徴兵されてノモンハンに行っているので、ナンセンの孫か遅い息子という世代になる。今野保さんの名著『秘境釣行記』を手にしたのは、ある釣り仲間の勧めだった。渓流釣り駆け出しの私に、これを読まずに渓流釣りの世界を語ることはできない、とその友人は言った。いま、私もそう思う。

一五年ほど前のことで、友人のセリフは「今野さんってまだ生きているんだぜ。会いにいこうよ」と続いた。主な著書は三冊あり、すべて中公文庫になっている（絶版）。三冊の内容はそれぞれ「北海道の渓流釣りの話」「北海道のヒグマ猟の話」「北海道で共に野山を駆けまわった飼い犬の話」だ。釣り話の番外に出てくる、ノモンハンの話がすごい。大きなタイメン（イトウ）がいると聞いて、スズメをエサにぶっ込み釣りをしていたら、丸太のような魚がかかり、イト（というかヒモ）を馬につないで引き上げようとするも、馬が引きずり込まれそうになったあげくイトが切れる。隊長に報告し、後日、爆薬を持って川へ。水中に発破を仕掛けて爆破し、浮かんだタイメンや鯉をかき集める。だが、タイメンは大きすぎて引き上げられない。なんとか捕獲した最大のタイメンが体長二メートル八〇センチ、胴回り二メートル（現在世界記録とされているタイメンは体長二メートル一〇センチである）。引き上げたタイメンを全部隊で食べたが、その刺身は脂がのっていて美味しかったという。

羆《ひぐま》猟の話を集めた『羆吼《ほ》ゆる山』。世界（北海道）がまだ人間のものになる前のケモノと人間の生活が描かれる。〈ウォーッと一声、腹に突き刺さるような吼え声を上げて熊が立ち上がり、沢造めがけて襲いかかってきた。（改行）素速く身をかわした沢造は、右手で腰に下げた刺刀《さすが》を抜いた。そして、二度目に立ち上がった熊が両前足を振り上げて威嚇の声を上げながら今まさに飛びかかろうとする寸前、その腹にパッと抱きついた。熊の腰のあたりに両足をからませ、脇の下から両腕を回して背中の毛を手でしっかりと摑み、頭を熊の顎の下に押つけた。〉

北米先住民の生活（これもほぼ一〇〇年前）を描いた『熱きアラスカ魂』（内容はすごい、タイトルがださい）のなかにも、襲いかかってくるグリズリーが直前で立ち上がる習性を利用した狩りの話がある。アラスカの先住民はグリズリー立ち上がった瞬間に十字槍を胸に突き立て、槍の手元を地面に押さえつけて、グリズリーが失血死するのを待つ。胸を刺されたグリズリーは怒り狂って人間を叩こうとするが、十字槍のため前進ができない（後ずさりする知恵もない）。槍の根本をおさえた先住民を中心に、槍の長さを半径とした円形の足跡を残し、グリズリーは息絶える。

ヒグマに抱きついたアイヌ猟師の沢造は、相撲でいうモロ差しの状態だ。ヒグマはへばりついた人間に効果的な打撃を与えることができない。その隙に刺刀を脇腹に突き刺す。もしヒグマが力つきる前に振り落とされたらその瞬間に殴られる。必死でへばりつく沢造だが、突き刺した刺刀が血のりで滑り出し……。この先は古本屋で探してほしい。

ヒグマが襲う直前に立ち上がる習性を利用した熊狩りの報告は多くない。モンゴロイドだけがおこなう秘技といえる。日本人ももちろんモンゴロイド。もし試したい人がいたら、本州のツキノワグマ（ブラックベア）は必ずしも立ち上がらないようなので、かならずヒグマを相手におこなってほしい。

飼い犬のことを描いた『アラシ』は椋鳩十の傑作『マヤの一生』に通じる。生涯で二一頭の犬と暮らした著者が、厳選した四頭、クロ、アラシ、タキ、ノンコの思い出を語る。溺れているところを大型北海道犬のクロに助けられたり、はじめての狩猟でノンコに勇気づけられて引き金を引き、獲物の回収までしてもらったり、最大ボリュームで語られる山犬のアラシは群れを作って山に帰っていく。ほんとに？　盛ってない？　と思わせる数々のエピソード。それらは他人に語ろうとすると涙声になってしまうものばかり。自然界で起こったことは信じる信じないではなく、受け入れるか受け入れないかだ。セメントに囲まれて暮らしている我々が、動物の奥深い能力や自然のありようにまで、人間の常識を当てはめるべきではない。

仲良くなったヒグマを勘違いから撃ち殺してしまうアイヌ猟師の話が心に残る。今野さんが目で見て、耳で聞いて、体験してきたことは、命そのもの。生き様と同時に死に様でもある。「死」をとりあえず否定する現代の世界観の中では、見聞きすることが珍しくなってしまった物語ばかりだ。

死は悲しい。獲物の死であっても悲しさは付随する。だが、かつて生きて今はいない命を回想する切なさは、否定すべきことではない。それは人生を豊かにしてくれる。それが命（生＋死）に触れるということだと私は思う。

二〇一五・一〇

究極のサバイバル道具は針とナベ　無常機微機知シベリア抑留

『生きて帰ってきた男——ある日本兵の戦争と戦後』

小熊英二著（岩波新書）

強くなりたい。

本気で登山を志すものは、いつもそう思っている。

そのためには結局、死ぬような体験を生き続けるしかない。だがそんな体験を続けていればいつか死ぬ。その矛盾を含んだ現実に耐えるほどの見返りが、現代の登山にはなくなってしまった。だから野望にあふれた若いクライマーは珍しくなった。

それを嘆いたあるクライマーが「強くなるために、死ぬような体験をくり返すしかないという考えを、我々は改める必要があるのかもしれない」と発言した。もし、死ぬような体験をせずに、強くなる方法があるなら、そっちのほうがいいに決まっている。そのときはそう思った。

戦争に関する興味深くも悲惨な話の最後に「だから戦争はやめたほうがいい」という意見がついているのを目にするとき、登山者の「強くなりたい」と似たような矛盾に襲われる。戦争はやらないほうがいいのだろう。だが一方で、戦争にまつわる物語は人を惹き付ける。沢田教一の写真に目を奪われ、だから反戦といわれても、戦争がなかったらこの心を揺さぶられる経験もなかったと思うと、気持ちを収める場所がどこにもみつからない。

　ここまで古めの本を紹介してきたが、新刊の中にもサバイバル要素が満杯の本がある。著者は小熊英二さん。朝日新聞の夕刊に顔写真付きでコラムを書いているため一方的に親近感を持っている。タイトルが『生きて帰ってきた男』となればまさにサバイバルである。

　この本、昭和史、庶民史、抑留史、戦史、個人史と、いろいろな観点から興味深く読むことができる。本書の趣旨からサバイバルに焦点を絞ろう。前半で、とかく過酷で悲惨なこととして伝えられるシベリア抑留を、いち一等兵の目から冷静に報告する。まず本書の主人公であり語り手である英二氏の父、小熊謙二氏がシベリアに抑留されている間、手放さなかったサバイバルアイテムは？

〈裁縫袋は、おばあさんの小千代が、軍隊入営のときに持たせてくれたもので、その後にとても役立った。（略）針金を手に入れて針を自作しようとした人もいた。しかし、針金を伸ばして尖らせるのはできても、糸を通す穴を開けるのはむずかしい。自分は針があったから、とにかく助かった〉

〈飯盒は命の糧だから、何を捨てても、みんな絶対に手放せなかった。自分が日本に帰れたときも、まだ持っていたくらいだ〉

　通常のサバイバル登山はたかだか一〇日前後なので、裁縫をすることはあまりない。だが、ひと月、ふた月の長期登山のときは私もかならず針と糸で、衣服の修繕をおこなっている。ナベが生命を左右する最重要装備のひとつであるのも山とおなじだ。

〈作業中に盗んだアルミや木片を削って自作したスプーンで食べた。器用な人のスプーンはよくできていて、飯盒についたノリのような部分まですくい取れたが、謙二のは小さな板切れのようなものだった〉

手先が器用で生活力がある人がそうでない人より有利になる状況がシビアである。

抑留者もしたたかだ。ソ連が満州から持ってきたモミがついたままの稲を、捕虜が脱穀精米し、〈(ロシア人が米のことを知らないので)捕虜側は歩留まりをごまかして増量させることに成功し、約三カ月間は腹いっぱいに近く食べることができた〉と報告する。

大戦直後はシベリアそのものが貧しかった。作業のために遠出して、ロシアの民家に泊まった謙二は〈着のみ着のままで、何も家具がないのに驚いた〉。ペーチカと炊事用のナベと食器くらいしかなかった。〈日本でこんな生活を見たことがない〉

かっぱらい、工夫し、したたかに生き延びる。サバイバルはまさに機転と技術である。その上で謙二は、自身が生き残ったのは、いくつかの幸運な偶然が重なったからであって、判断力や心がけがよかったからとか、精神力があったからではない、と言い切る。

抑留と登山を比べるのはおこがましいことを承知している。ただ私も、自分と自分の周辺を見渡して、生き残っているのは「たまたまに過ぎない」と思う。登山を知らない人は、遭難死する登山者としない登山者には、説明できない違いがあると考えたがる。だが私の実感は違う。うかつな人と慎重な人という傾向は存在するが、不慮の事故はそういうものを超えて襲いかかる。

章末にそっと挿入される著者の社会科学的な分析が効いている。ひとつは、日本で「非人道的なおこないの権化」とされているシベリア抑留が、別の国の捕虜の扱いに比べて「人道的だった」という数値だ。ドイツの捕虜になったソ連軍人死亡率約六割。ソ連の捕虜になったドイツ軍人の死亡率約三割、日本の捕虜になった英米軍人の死亡率二七パーセント。そしてシベリア抑留者の死亡率は一割ほど。数値で比較する限りシベリア抑留は人道的と言える。

そしてもうひとつ。あれだけの労力、人命を費やして、奴隷のように使い捨てで働かせて、その結果、シベリア抑留の一九四六年度は赤字だったという。

不謹慎であることを承知で告白する。私はこの部分をたまたま新幹線の中で読んでいて、吹き出してしまった。あれだけの労力と人命と精神を削り取って赤字？　それって事業としてどうなのよ。頁から顔を上げ、車窓を見た。新幹線の快適なシートに座っている私の横を平和な田園風景が時速三〇〇キロで流れていた。私の現実とシベリア抑留とのあまりの乖離、抑留の無意味、哀惜、無常、サバイバル。もうなんだかわからない。吹き出したあとに、時速三〇〇キロの田園風景を見ながらあふれだしてきてしまった涙は、それまで体験したことのないものだった。

登山者が死ぬような思いをしないで強くなる方法。聞いたときは魅力的に見えたその提案を、最近の私は疑っている。登山者は結局、リスクを求めて山に行っているからだ。だが、戦争は違う。本書には武勇伝はひとつもない。その点が戦記物と決定的に違っている。ただ静かに戦前戦中戦後を生きた人生の無常と存在の機微を報告する。そして激しく心を揺さぶられる。

二〇一五・一一

悟りたいのは面白いから登りたいのも面白いから

『仏教思想のゼロポイント 「悟り」とは何か』

魚川祐司著（新潮社）

登山の何たるかを教えてくれた師匠のようなおっさんがいる。和田城志《わだせいし》といい、登山業界では怪物として有名で、その著書『劒沢幻視行　山恋いの記』は面白い（私も醜態をさらしています）。その和田師匠が「登山に教育的な価値などない」とよく口にしていた。

登山に教育的な側面があるなら「なんで登山にのめり込んできた連中が揃いも揃って自分勝手で幼稚な人間ばかりなんや」というのがその主張の根拠だった。「もし、登山に教育的な意味があるなら、ボクらはもっとまともやないとおかしいで」

年末の北アルプス北部で悪天につかまり、雪洞を掘ってなんとか吹雪を逃れた先でそんなこと言われても、反論できるはずがなかった。

「登山者なんて暴走族と同じや。でもな、それでええんやないかなあ」

暴走族の暴走が「俺は（公道で）こんなことができるほど自由だぜ」という幼稚な主張であるなら、登山者の登山も同じように「俺は（山岳地帯で）こんなことができるほど自由なんだ」という主張だといえなくもない。

暴走族出身者がいい歳になってから「俺も若い頃はバカやって……」などといいつつ、経済社会を構成するまともな社会人になっている、なんてステレオタイプが本当なら、公道暴走には通過儀礼の一種として教育的な意味があるのかもしれない。一方で、登山者のなかでも求道的な一部の面々が、危険な自己主張を卒業するどころか、どんどんエスカレートさせていき、挙げ句の果てに遭難死するのを見ると、まじめな登山者ほどバカなのか？と思うこともある。

そういう私自身は、大学で登山を始めてから、世界を見る目ががらりと変わった人間である。甲子園で負けた高校球児がなぜ泣くのか、登山を始めてからようやく理解できた。それどころか、週末にヤバい登山を計画している時などは、ありがちな展開の安っぽいテレビドラマでもほろりとさせられるようになってしまった。

平均的な大学生に比べて、自分はあきらかに死ぬ確率が高い時間を過ごさなくてはならない。しかも、空腹で、肉体的に辛く、寒いという不快が続く。まるで修行僧のようではないか。

それが自己憐憫《れんびん》であることを意識してはいたが、同時に私は登山にはやっぱり修行的な意味合いがあると感じていた。山岳信仰に始まって、大峯奥駈、山伏、千日回峰、播隆《ばんりゅう》上人などなど、山ごもり＝修行というのは市民権を得ているといえる。私自身、実際に登山を経験することで、世の中の見方がどんどん変わっていき、不遜ながらそこらのなまくら坊主より、よほど厳しい修行を積んで、深い世界を覗いていると、若気の至りで考えていた。逆に、登山以上に修行的なことがあるのか？と思うくらいだ。

だから悟りや涅槃に興味があった。ツァラトゥストラが何を言ったのかも知りたかった。週末の登山で死ぬかもしれないとなれば、自分の存在とはなにか考えないほうがおかしいというものだ。

「犀《さい》の角《つの》のようにただ独り歩め」

ブッダの言葉を、中村元《はじめ》訳の岩波文庫で読んでも、目を引く言葉はそのくらいしかなかった。

「照見五蘊皆空《しょうけんごうんかいくう》」

般若心経は「世界もあんたも無常であり、考え方次第」と解釈した。

えらいお坊さんは涅槃も悟りも知っている（らしい）。だが私には解らない。

解るように説明してくれそうな本『仏教思想のゼロポイント「悟り」とは何か』（魚川祐司／新潮社）に出会った。ブッダの思想を整然と解説する哲学書だ。

〈ゴータマ・ブッダの仏教は、私たち現代日本人が通常の意識において考えるような「人間として正しく生きる道」を説くものではなく〉と最初に言って退《の》ける。山に登れば分別のある大人になるわけではないのと同じらしい。

〈彼の言葉は、現代日本人の感覚からすれば明らかに、「世の流れに逆ら」った、「非人間的」な生活へと人を導くものだ。〉

死ぬかもしれないのに、わざわざ雪山に赴く無償の征服者にやっぱり似ている。

涅槃に向かう道を本書を読み解きながら私も辿《たど》った。無常、輪廻、苦、無我、縁起。核心に迫るための予備知識がまず簡潔に解説される。そして、仏教思想のゼロポイントである解脱と涅槃へ。煩悩が消え去る先で経験する、全く新しい世界が涅槃らしい。その涅槃そのものは言葉で表されない。説明や表現に使われるもっとも一般的なアイテムである「言葉」なんか超えちゃった境地が涅槃だからである。経験を超えた経験が涅槃である（たぶん）。「数学の世界」というものがリアルに存在するのか、人間の頭の中にあるだけなのか、しばしば議論になるが、それと似ているのかな？

〈無為の涅槃の覚知によって、渇愛から離れた眼で現象を眺めた時に、誰が教えるということもなく、ただ明瞭に自知されることが一つある。それは、いま・ここに存在している、「私」と呼ばれるこのまとまりが、他の全ての現象と同様に、一つの「公共物」であるということだ。（中略）花が花のようにあるように、山が山のようにあるように、石が石のようにあるように、「私」はただそのように（tathā）ある。そこには意味も無意味もない。〉

登山の始まりは「登りたい」という強い欲望だ。だから、すべての欲を捨て去るというブッダとは根本的に相容れないのかもしれない。だが、長い山旅の最中に、自我が消え、自分が山の要素の一つになっていくような感覚はわずかだが感じたことがある。鹿を撃ち殺したときには、鹿も自分も大きな現象を構成する一要素に過ぎないと思うようにしている。自己と他者を明確に規定してしまうと「殺生」はずしりと重い。自分も鹿も同じ大きな川を流れる水の一部と考えると少し救われる。

著者の魚川さんが最後に、なぜ仏教思想を研究し、なぜ自ら涅槃を目指してみるのかに関して一言述べている。〈世界と己に対する「これは何だ⁉」という疑問に答えるための行為であって（中略）、それ自体として与えてくれる「楽しさ」であり「面白さ」だ。〉

何だ（すくなくともその道程は）、やっぱり登山といっしょじゃない。

二〇一五・一二

野生獣食らうにふさわしいヤツなんて　いない切ないならばなぜ狩る

『老人と海』

アーネスト・ヘミングウェイ著／小川高義訳（光文社古典新訳文庫）

知り合いの老猟師が「もう十分殺したから」と銃を置く（猟をやめる）のに立ち会ったことがある。まだ若かった私は「今後も肉を食べるなら、銃を置くべきではない（殺生を背負っていくべきだ）」と考え、それを口に出してしまった。私に猟を教えてくれた師の一人は、そんな私の言葉に対してなにも言わなかった。

最近は、老猟師が「もはや自分は老いさらばえ、ただ生きながらえているだけなのに、わざわざ生き物を殺すのはどうなのか」と考える気持ちもわかる。猟師も人間なので、年齢とともに考えも変わる。撃たれるほうも、撃つほうも生き物であり、狩る側と狩られる側の肉体と精神の交流が狩猟行為の核心である。だから獲物を得た喜びには、それと同じだけ殺生の悔恨がつきまとう。

そんな狩猟にまつわるさまざまな感情を、私自身がうまく言語化できないので、古今東西の先輩たちが残した文字列を追いかけ、その中に自分の感じたものを探してきた。文字化されたものを読むことで、漠然とした感情を捉えて、安心したいのだと思う。

獲物を狩る、もしくは獲物として狩られる、という行為は人類史を通してずっとおこなわれてきたはずだ。膨大な数の命のやりとりがあり、それと同じだけ感情の起伏やドラマがあったと想像する。だが、その感情や機微を言語にうまく置き換えている作品はそれほど多くない。文字列になった「狩る側の気持ち」を探して、目を光らせ続けていても、目を通すべき作品が多すぎて途方に暮れるという幸福感に包まれたことはない。どちらかといえば渇望が続いている。

『老人と海』は獲物とのやりとりを描いたすぐれた作品である（あらためて私が強調するまでもない）。かつて新潮文庫版を読んだときは、少年マノーリンのセリフが変なので、えんぴつで直しながら読んだ（二〇一〇年に新訳が出た）。光文社古典新訳文庫版はだいぶ自然な感じがする。

老漁師サンチャゴは、それまで充分に釣ってきただろうが、漁をやめようとは考えていない。

〈これぞ兄弟だと言えるやつを殺していればいい〉

残された著作をざっと見た感じでは、ヘミングウェイはレジャーハンターだ。自分や家族が食べるためではなく、ケモノと対峙して命のやりとりをただ楽しむために狩りをおこなっているように見える。しかし、そのレジャーハンターに過ぎないはずのヘミングウェイは、獲物とは何かということを知り、それを作品にする力を持っていた。サンチャゴはカジキマグロとやりとりしながら考える。

〈これだけ堂々とした動きを見せる立派なやつを食うのにふさわしい人間はいない〉

命は他の命を食べる権利があるのか？　なんてことを考えるのはおそらく人間だけだろう。命は命を食べて存在し、一つの命だけを切り離すことは不可能だ。だが、人間には自意識があるので、命を食べるとは、他の命より自分の命を優先させていることにほかならないと気づいてしまう。だからこそ、優先させている自分の命が、奪った命以上の価値があるのかどうか、人は悩む。狩猟をおこなっていると多かれ少なかれ「ケモノを撃ち殺すなんて残酷だ」という非難を受けることになる。

私の反論は決まっている。「他人に殺させてそれを金で買うのは、殺しを買っていることにほかならない」

だが、実のところ、自分の主張のほころびにも気がついている。

家畜は人が育てたものなので、少なくとも人間より価値が低いという理屈はそれなりに筋がある。垣根のない野山を自由に移動しながら、自力で生きている野生獣のほうが、囲いの中でエサを与えられている家畜より、生き物としての存在感が高いことは、野生獣を追っていれば感じてしまう。家畜になりたいとは思わないが、野生獣ならなってもいい、もしくは本気でなってみたいと思うほどだ。野生獣は美しい。彼らはいろいろなことを知っている。自分でちゃんと判断している。もしかしたらそれは、われわれ人間以上かもしれない。少なくとも都市生活をあたりまえのように享受している私以上かもしれない。

今、私は自分の興味と家族に食べさせるために猟をおこなっているが、もし家族がいなければ、狩猟の動機付けは減退するだろう。話はそれるが、有害獣駆除は人間の身勝手であり、私の殺生の動機にならない。鹿の食害と人間の経済活動的地球開発を比べたら、どちらが環境にとって有害かは明白で、環境保全を第一に考えたとき、鹿と人とのどちらを先に駆除したほうがよいかは明らかだ。

　獲物で金儲けするのはどうなのだろう。生活のための漁（猟）の先で、サンチャゴや『なめとこ山の熊』の小十郎の心境にすこしでも近づくことができるのだろうか。近づいて意味があるのだろうか。

　食うために殺す。これは生存の根本である。だが、生きるためであっても、命を奪うことに気持ちよさを感じる人はない。

　サンチャゴはいう。

〈こうなったら、どっちがどっちを殺してもいいいさ〉

　なるほど、私もケモノを殺すたびに、いつか自分の番が必ず来るのだなという思いを強くする。

　もしかしたら、ヘミングウェイの頭を猟銃で吹き飛ばしたのは、彼の獲物たちだったのかもしれない。

二〇一六・〇一

最悪はまだまし最期の報告は語る者なくメモと屍

『世界最悪の旅：悲運のスコット南極探検隊』

アプスレイ・チェリー・ガラード著／加納一郎訳（朝日文庫）

サバイバル系の書物が好きな方は、南極点に人類で初めて到達したのがアムンセンであることはご存知だと思う。一九一一年のことだ。もしかしたらアムンセンより、アムンセンにひと月遅れて南極点に到達し、そこからの帰路、遭難死したイギリス人の印象のほうが強いかもしれない。

スコット南極隊はアムンセン隊とほぼ同じ時期に、南極点を目指し、アムンセンに遅れること約一ヶ月で五人が南極点に到達。帰路、吹雪に閉じ込められて全員が衰弱死した。その内容は一隊員のチェリー・ガラードが書いた『世界最悪の旅』という印象的なタイトルの報告書で語られている。ちなみに「世界最悪の旅（The Worst Journey in the World）」はスコットが率いた南極点到達班の旅を指すのではなく、ガラード本人が参加した科学調査班の旅を指している。ガラードの調査班は太陽がまったく昇ることのない極夜の中、ペンギンの繁殖調査を主な目的として、エバンズ岬からクロジール岬を五週間で往復した。それは表題通り壮絶な調査旅行だったが、それでもペンギンの卵を持ち帰るなどの成果を得て、無事帰還した。その旅でさえ「世界最悪」だとしたら、遭難死したスコット隊の旅はどう表現されるべきなのだろう。

スコットの日記をまとめた報告書は端的にこうタイトルがつけられている。

「SCOTT'S LAST EXPEDITION」

最悪以上はやっぱり「最期」ということだ。

スコットに先立つひと月前に人類で初めて南極点に到達したアムンセン隊は、多少苦労しつつも、全員無傷かつ楽しそうに南極点を往復した。それに比べ、スコット隊はすこしずつ傷めつけられるように潰れていく。

歴史は勝者がつくる、といわれるが、歴史を記述する後世の人間が勝者好きなだけかもしれない。全滅という結果になったスコットは、後に失敗の原因を分析され、アムンセンは逆に成功の要因が注目された。

現在では、二つの隊の大きな違いが二点強調されている。一つは、アムンセン隊が犬ゾリとスキーを使ったのに対し、スコット隊は蒙古馬とエンジン付きソリを南極点到達の主な動力源と考えていたこと、もうひとつが、アムンセン隊が獣皮の毛皮服を着ていたのに、スコット隊は革のジャケット（バーバリー製）を着ていたこと。

スコットの蒙古馬は早々に死に、エンジンソリは壊れ、徒歩で南極点に出発すると、革のジャケットは凍り付いた。

科学や文明より、伝統的な方法のほうが優れていると思いたがる人は多い。私もそういう懐古趣味をもつ人間の一人である。スノーモービルよりも犬ゾリ、ゴアテックスより毛皮、アマゾンのレビューより「本の雑誌」。

産業革命の最先端をひた走っていた二〇世紀初頭のイギリス、その英国探検隊に文明崇拝の物質主義という「敵役」を押しつけ、一方でバイキングの流れを汲《く》む北欧の僻地ノルウェー探検家は自然志向の「正義の味方」、イヌイットから学んだトナカイ毛皮と伝統的犬ゾリで、気取ったイギリス紳士を蹴散らすという構図は、マイノリティの日本人にとって痛快である。

だから私はこれまでも、一九一一年の南極点到達レースに関してなにか書くたびに、優等生のイギリス人に、わんぱくなノルウェー人が勝ったという構図で紹介してきた。だが、心の奥に本当にそれでいいのかな、という思いがずっとあった。実はスコットやスコット隊のことをよく知りもしないで、自分の都合のいいように解釈しているだけなのではないのか。

とはいっても『世界最悪の旅』朝日文庫も、『南極探検日誌』ドルフィンプレスもぶ厚くて精読する時間はない。

そんなとき出会ったのが『南極のスコット』清水書院である。本多勝一の『アムンセンとスコット』などにくらべると、ややスコットよりの視点からスコットの人生に迫っている。一回頭をクリアにして、手に取ってみると、一気読み。それまでの私の解釈は、半分は正解、半分は誤解だったように思う。スコットはスコットでやはり尊敬に値する人物だった。

なによりスコットは忍耐強い。無知、未経験からくる失敗はあったにせよ、あの時代にあの装備と人力だけで南極点に到達し、アムンセンが先に到達していたことを知った落胆を乗り越え、帰路の九割ほどを歩き通した。同じことをしてみろと言われても、私にはできそうにない。おそらく現代の人間でできる者はいないのではないだろうか。

帰路の九割近くを歩いたスコットたちは補給所まで残り二〇キロ（歩行時間にして一日強）の地点で、ブリザードにつかまり身動きが取れなくなる。一九一二年三月二一日のことである。五人の仲間のうちすでに二人を失っていた。遡《さかのぼ》ること一二日の三月九日までは極点往復隊を支援する仲間が、その補給所に滞在していた。

そしてスコットの日記は一九一二年の三月二九日で終わっている。南極点から遭難地点までにかかった約七〇日のうちの後半はブリザードで動けない日が続いた。もし、あと二日移動できる天候だったら、スコットたちは一トン補給所と名付けたデポ地で、燃料や食料を手にし、スコットの南極点往復も世界「最悪」で済んでいたかもしれない。

でももしそうだったら、スコットの日記はそれほど面白くなかったな、と思うちょっと残酷な私もいる。文字通り、死ぬほど努力したことを記すスコットの日記は、文句なくすごい。そして、日記にはイギリス国民に対する手紙が添えられ、「私たちの冒険譚は、この走り書きと自分たちの屍で語る」と締めくくられている。活字好きを自称するなら、このスコットの覚悟に、ちょっと残酷になって応えるべきである。

邦訳の読者は知らない驚愕の後日談「だれが裏切ったんだ？」

二〇一六・〇二

『凍える海　極寒を24ヶ月間生き抜いた男たち』

ヴァレリアン・アルバーノフ著／海津正彦訳（ヴィレッジブックス）

『凍える海』のロシア語原書は一九一七年、フランス語版の『Au pays de la mort blanche（白き死の国で）』は一一年後の一九二八年に出版された。ロシアでは当時から有名な冒険譚だったらしいが、それから七十余年の沈黙を経た二〇〇一年、突然、英語版の『In the Land of White Death』が出版され、邦訳版が二〇〇八年に続いた。

日本では英語がもっともメジャーな外国語なので、マイナーな言語で書かれた作品が英訳されることではじめて日本人の目に触れ、内容が認められ、邦訳されるというパターンは珍しくない。しかも原書が古い本の場合、版権が切れている原書から翻訳することで著作権使用料を払わずに出版できるという利点もある。大きな声では言えないが、新しい英訳を原本として訳したにも関わらず、古い原書から訳した振りをして、英語版の版元に著作権使用料を払わないという裏技もある。

おそらくそんな裏技を使って『凍える海』は出版された。褒められたことではないが、誰の腹が痛むわけでもなく、面白い冒険譚が広く世に出るなら、そのくらい許されると私は思う。

ところが本書に関しては問題が一つあった。それは、英語版が突然二一世紀に出版されたことにも繋がっている。順を追わないとややこしいので『凍える海』の内容にまず簡単に触れておこう。

時は一九一二年、三〇年以上前の初通過（ノルデンシェルド）以来、誰も成功していない北東航路の通過とアザラシ猟を目的に、ロシアから小さな探検隊が北極海に向けて出発した。ところが船は航海の途中で氷に阻まれて動きが取れなくなり、氷上で二回の越冬を余儀なくされる。このままでは全滅すると考えた航海士のアルバーノフは、あり合せの材料でソリとカヌーを作り、仲間とともに船を離れ、南を目指した。頼りの資料は船の資料室にあったナンセンの『極北』と付録の地図（不正確）のみ（※）。艱難《かんなん》辛苦が連続し、裏切りが追い討ちをかける。食料を制限するアルバーノフと対立した仲間が食料と装備を盗んで、夜陰に乗じて脱走したのだ。出し抜かれた者たちは命からがら南へ向かい、盗んだ仲間を捕まえた。

北極圏探険おける隊員の盗難を伴う脱走は、間接的な仲間殺しであり、捕まった場合は通常、船長や隊長の権限で死刑となる。ところがアルバーノフは脱走した二人を許し、本書中でもその名前を明かさない。

結局、船を離れた一一人のうち九人が死亡もしくは行方不明となり、アルバーノフとコンラットのみが救出される。ここまでが一九二八年に出版されたフランス語版の内容である。

その埋もれていた仏語版がひょんなことからアメリカ人の登山家兼極地研究家の目に触れたのが一九九六年。ハーヴァード大学の図書館の書棚に六八年間、一度も借り出されることなく並んでいたのだ。英語圏ではほとんど知られていなかったこの冒険譚の再発見は、驚きとともに受け入れられ、早速英語版が出版されることになった。

アルバーノフが裏切り者を明らかにしないという紳士的な態度を貫いていることが、一つの美談として本書の内容を引き締めていた。ところが、出版に伴う調査の過程で、もう一人の生き残りであるコンラットの日記が発見される。ロシア語で書きなぐられた日記を活字にし、さらにそれを英訳すると、アルバーノフ以外の隊員から見た「真実」が浮き彫りになっていった。そしてコンラットの日記は、アルバーノフの報告を良くも悪くも、より明確にする第一級の資料として詳細に検証された。

英語版（モダンライブラリー版）では、日本語にして三万字近くを割いて、出版に至る経緯とコンラットの日記の抜粋とその分析を記している。それはまさに驚愕の連続、アルバーノフの記録が冒険譚としてすごいなら、コンラットの日記と後日談には人間の運命と機微の妙から読む者を黙り込ませる力がある。

ところが、この後日談は日本語版には掲載されていない。英語版の解説を載せると著作権の問題が生じてしまうため、日本語版はとうに版権が切れているフランス語版を原本にしている（ことになっている）からだ。

というわけで邦訳『凍える海』の読者はいまでも驚愕の後日談を知らずに「いったい誰が裏切ったんだろう」などと考えながら日々を過ごしているわけである。

推理小説のように書かれたこのエピローグを私が読めたのは、極地探険好きで英語に強い友人が訳してくれたおかげである。エピローグの日本語訳が印刷され、日本の極地探検好きの目に触れることはもはやないと思われるのでここに結論だけ記しておく。もう見当がついているかもしれないが、食料を盗んで脱走したのはコンラット（とその友人）であった。日記に明確な告白があるわけではないが記述から間違いない。

そう思いながら本書の後半を読み返すと、アルバーノフの行動は胸に迫る。一度裏切った者を許すことで、隊のマンパワーを保持したものの、結局は、自分と裏切り者しか生き残ることができなかったという皮肉に終わったのだ。

アルバーノフは帰国後、少し精神に異常を来し、北極海で行方不明になった仲間と船に残った仲間の捜索に固執した。だが一九一九年（生還から五年後）に爆発事故に巻き込まれて死亡する。コンラットは機関士として再び船に乗り、北東航路を通過するという幸運に恵まれ一九四〇年に死亡した。北極海を人力で南下したときの話をせがまれても、話すことはなかったという。

二〇一〇年にロシアの調査団がフランツヨセフ諸島に出向き、行方不明になっていたアルバーノフの仲間の遺骨と遺品を発見したという。

※第二節を参照。一八九三年から九六年の北極探検。

死んでいない状態それは生きている？ 空を飛ぶもの山を行くもの

二〇一六・〇三

〈スカイ・クロラ〉シリーズ

森博嗣著（中公文庫）

生はめでたい。死はめでたくない。だが生とおなじ数だけ死がある。

山登りをしているので「死んではいけない」とよく諭《さと》される。同じ登山者の中にも「死んだら終わり」という人もいる。

「死ぬ可能性のない登山を登山と称して続けているあなたこそ終わっている」と言いたい。だが、言わない。

「死んではいけない」の真意は「死ぬ可能性があることをやるのは自由だけど、本当に死んだらもともこもないよ」というところだろう。

死ぬ可能性があるのに死んではダメ、という言い回しは矛盾を含んでいる。可能性とは脅し文句ではなく、数値（確率）だからだ。そこに死の可能性があるなら、その可能性の分だけ必ず犠牲が生ずる。そうでないなら、最初から見積もりの数値が間違っているだけだ。

そんなことをまじめに説くと怖くなる。だから冗談まじりで伝えると今度は「死んじゃダメなんだ」と本当に怒り出す人がいる。本当に死んではダメだったら、あとで自分が困るだろうに。

「死んじゃだめ」の真意も「せっかく生を享けていろいろ積み上げてきたのに天寿をまっとうしなかったらもったいない」というあたりだろう。

となると、天寿とはなにか、とまた考えてしまう。平穏無事に生きても物足りない冒険者たちにとって、リスクを避けた生活を長く続けることが果たして「天寿」なのか。

〈自分が死んでも良い、という条件の下、空へ上がっていくのだ。〉(草薙水素《スイト》)

生き物はいつか必ず死ぬ。我々は常に死に近づきつつあるし、死のリスクにさらされている。でもやっぱり、死はできるだけ先延ばしにしたい。怖いので考えるのも嫌。というわけで、死はとりあえず拒否してしまい、もし遭遇したら悲しんでおけばいい、という人が驚くほど多い。そして「死んだらダメ」が常識になる。死を肯定しようものなら、「自分の家族にもしものことがあっても、そんなこと言えるのか」と怒られたりする。

我が家のニワトリが死んだばかりです(旨《うま》かったです)と反論して、嫌われる。

死はありふれていてどこにでもある。スーパーの鮮魚コーナーにたくさん並んでいる。だが「死んではいけない」が常識で、そう口にする人は、正義の味方のような顔をしている。

そして実のところ、私も死にたくないと思っている。

〈地上では、死んでいる者たちが、死ぬことを恐れ、/雲に覆われた灰色の空しか見ていない。/希望はない。/死んでいる者たちは、綺麗に死ぬことができないからだ。〉(/は改行)

スカイ・クロラシリーズの中心人物、草薙水素は若い頃、そう考えている。生死を懸けて闘うパイロット以外は生きている人間とはなりえないと見下している。

登山者にも実はそういう面がある。死は否定される一方で死のリスクを含んだ冒険や行為はおもしろい。本書でも、死地からの生還系の書物をいくつか扱ってきた。死はロマンや無常にあふれていて、物語の題材やスパイスにもってこいな魅力もある。「死」がまったく含まれない物語はほとんどない。

なんでなのかな、とずっと考えていた。リスクは人を惹き付けるのに、死は否定される。もしかして、本当は死んでもいいのでは？　とあるとき閃《ひらめ》いた。

みんな死なないように生きている。だが、死を肯定したうえで、死なないように生きるのと、死を否定して、死なないように生きるのは、表面は同じでも中身は違うのではないか。それどころか生の充実度は、死を肯定したうえで死なないように生きる方が高いのではないか。

〈人間は、社会という名前の水槽の中で、安全と平和に縋《すが》って生きている。水槽の中で生まれ、水槽の中で育った人間に、どうして、外のことがわかるだろう。／否、わかる。／……だからこそ、大空へ飛び出していく者がいるのだ。〉（……は中略）

現実とはやや違うパラレルワールドで、レシプロ戦闘機のエースパイロットを巡る物語がスカイ・クロラシリーズである。戦争は政治と経済の安定のため、操作されながら続けられている。そのため闘いは戦闘機による空中戦（と航空基地の爆撃）のみで、血みどろの地上戦はない。パイロットたちの多くが、一〇代で成長が止まる特殊な不老人類である（不死ではない）。

物語の中の戦争は、若者が国の代表として闘うスポーツの国際試合のようでもあり、格闘技のようでもあり、モーターレースのようでもあり、もちろん登山的な要素もある。不老の若者が命懸けの空中戦をくり返すという特殊な設定が、命のあり方に関する考察の深度を深めながら、人が生きるとは何かを激しく問う。

死んでいくパイロットに示される「可哀相《かわいそう》」という一般的な同情を、草薙水素は激しく否定する。

〈みんな自分のたった一つの命を、飛行機に乗せて、空へ上がってくる。その時点で既に、僕は、敵も味方も、すべてのパイロットを尊敬する。……練習というものが事実上できない。一度失敗したら、ゼロになる。ここが、僕たちの仕事の一番の特徴だ。現在では類例がない。滅多にないだろう。／人殺しで、残忍な行為だと、非難されている。……／……当事者の僕たちからすれば、別にどうってことはない……単なる生き方の一つにほかならない。〉

山で死んでいった仲間の生き方を否定されると私も頭に来る。

生きている私は、死んでいった者以上に「生きている」のだろうか。我々は生きているのか？人生の日々は、ただ死んでいない状態の継続に過ぎないのではないのか？

狙われる気持ち知りたい動物の感覚探る先で見るもの

二〇一六・〇四

『動物感覚　アニマル・マインドを読み解く』

テンプル・グランディン著／キャサリン・ジョンソン著／中尾ゆかり訳（ＮＨＫ出版）

狩猟を始めて一一シーズンになる。単独猟で狙う主な獲物は鹿である。数が多く、日中もそこそこ動き回っているので、犬の協力がなくても、仕留めることができるからだ。

狩猟とは、単純化すれば、狩猟者とケモノの物理的距離を小さくする行為だと思う。こっちが獲物に近づくのが忍び猟《ストーキング》。獲物に近づかせるのが待ち伏せ猟。待ち伏せ猟の発展形が犬に追い出してもらう巻狩り。罠猟はしばり上げて無理矢理近づいてしまう。

目指す相手になんとか近づき、捕まえて、合体する。そういう意味で狩りは恋愛に似てなくもない。ストーカーと忍び猟の語源は同じである。

恋愛では相手の感情が出来高を大きく左右する。だから、気を惹くことが戦略の中心になる。狩猟の場合は、なんとか近づいて銃弾を撃ち込む。肉体的かつ暴力的な接近であり、心理的なことは関わらない。だから恋愛よりよっぽど簡単だ、と思ったらとんでもない。ケモノに接近するのはなかなかに難しい。

まずどこにいるのかがわからない。わかっても、家が決まっているわけではないので場所がいつも違う。どこにいて何をしているのか。どんなことを好み、なにを嫌うのか。暑いのか、寒いのか。何を食っているのか。私のことをどう見ているのか。

狩猟を始めたばかりの頃は、四六時中、鹿のことばかり考えていた。特定の女の子に恋いこがれて色ぼけした青年期と同じだった。鹿の電話番号がわかったら、すぐにでも電話をかけて、「今どこにいるの？」と聞きたかった。

図鑑ではあき足らず、専門書で生態を調べた。ローレンツも読み返した。獲物と人間との関わりを民俗学や物語に探した。狩猟関係の文学はコレクションした。だが本当に知りたいのは人間が観察した動物ではなく、動物が世界をどう見て、どう感じているかだった。動物が一人称で書いた本を読みたかった。

そんなときに出会ったのがテンプル・グランディンの『動物感覚』である。アスペルガー（自閉スペクトラム）症候群の動物科学者が、動物の感覚と行動を解説する本だ。著者の本職は、家畜が不安や不幸を感じずに人に利用され続けるよう、検査やアドバイスをする動物の福祉だという。

自閉症の人は感覚が動物に近いらしい。大脳新皮質に何らかの障害があり、平均的な人より小脳（動物脳）を使う割合が高いからだ。逆に言えば、平均的な人間は大脳新皮質によって、物事を抽象化したり、概念化したりしすぎてしまい、動物の感覚がわかりにくい。

原稿を書くとは特殊な状況を一般化して説明する作業であり、大脳新皮質を使う仕事である。だからアスペルガーの人は本来苦手だ。それが自閉症の人々の世界観（≒動物の世界観）がこれまで、文字になって世の中に出なかった理由らしい。本書では友人が執筆を手伝うことで、動物が見ているだろう世界に迫ることに成功した。そして曰く……。

1、動物は視覚的な生き物である（抽象化が苦手なので、目の前の情報から判断する）。
2、動物は細部を見ている。
3、動物は好奇心が強く、身体能力を使いたがる（生きるために）。
4、動物は人間に似ていて、人間は動物に似ている（ともに小脳があるための類似性）。
5、動物は人より知覚能力が高い（人間にも同じ能力が隠れている）。
6、動物は一般化は苦手なのに、ふたつの事柄が短時間に起こると関連づける。
7、動物は遊びが好き。
8、動物にも友情（血縁関係以外の親愛）がある、などなど。

箇条書きにすると、なんてことはない、どこかで聞いたような話だが、エピソードを交えて語られる動物の感覚は、豊富なイメージとともに動物の世界観を浮き彫りにしてくれる。

北米先住民の有名な詩に「ずっとずっと昔、人と動物がともにこの世に住んでいたとき、なりたいと思えば人は動物になれたし、動物は人にもなれた。そしておなじ言葉をしゃべっていた」というのがある。

我々が物事を抽象化したり、言語で考えたりしているのは、進歩や効率を目的として、いわゆる知能と呼ぶ能力に価値を置き、ありがたがってきた結果だろう。

進歩も効率も悪くない。知的発見にはたしかな興奮と喜びがある。人間社会の中だけで生きるなら、相対的に人より知能が低いとされる動物たちを人間以下と見下したって問題はない。だが、動物とともに生きるならどうだろう。

「人が動物にもなれ、動物が人にもなれる」とは、教訓や比喩ではなく、動物とともに生きていた人たちの実際のイメージだったのではないのか。というのも、鹿を知ろうとすることは鹿になろうとすることに似ているからだ。

ケモノの行動を予測するために、『動物感覚』で得た知識で、ケモノの身になろうとした。ケモノが見ている世界やケモノが見ている私自身を想像した。

鹿の目で見る世界には銃を手に私（鹿）を殺しに来る私（ヒト）がいた。私は思った。あれ？ オレって人間じゃん。

不思議なことに、ケモノになろうとすることで、私は逆に、どんどん人間になっていった。狩猟者以前の若い頃は「他人と違う自分」を必死に意識しようとしていたのに、狩猟者になった後は、オレってホモ・サピエンスだなあと意識しはじめたのだ。

私以外に生きているものがいて、それを狩る私は人間として生きている。それ以上でもなければ、以下でもない。他でもない私は人間なのだ、あははは。自分が人間であることを確認するのは、静かな驚きだったが、なかなか楽しい体験だった。

狩猟は一方的な殺戮だが、野生動物との共生でもある。そんなどこかで聞いたような言い回しは、こういうことなのかもしれないと今は思っている。

二〇一六・〇五

来しかたを調べ行く末を描くもわからず終了試験落第

『私たちはどこから来て、どこへ行くのか

科学に「いのち」の根源を問う』

森達也著（筑摩書房）

登山とは身体表現だと思っている。

文明の保護を離れた環境で、周辺より高い場所の頂点までなんとか登り、下りてくる。どういうラインをどう登り、どのくらいの期間が必要か。自分の見積もりが正しいことを自分の肉体を駆使して証明する。大きなミスは、身体の耐久限度を超える事故になることもある。

安全な範囲で、登山を中止して帰ってくれば、生き残れる。だが逃げてばかりいては、いつまでたっても登山の成果は上がらない。自分の欲求も満たされない。行くかやめるかのせめぎ合いのなかで、「もう少し行ってみよう（行ってみたい）」が、いつの間にか、せめぎ合いを超え、気がついたら、とんでもない窮地からの脱出劇になっている。

ヤバい状況になっている時点で「失敗」なのだろう。だが、気象条件や諸行の巡り合わせで、のっぴきならない状態に避けがたく追い込まれてしまうことは少なくない。雪崩や増水、もしくは滑落で、あっという間に危機的状況のど真ん中ということもある。

そういうことにならないように気をつけるのが登山者の経験と知力である。問題は登山者がどこかで、大自然の凄まじさに翻弄《ほんろう》され、そこから生き残ってみたい、と望んでいる点にある。不可抗力ともいえる展開も、その危機的状況をよくよく分析してみると、すべては登山者自身が求めて積み重ねてきた結果なのだ。

登山者は遭難寸前を求めている。だから登山とは、大自然を舞台に何ができるのかを表現しながら、ときに自らぎりぎりまで死に迫る「肝試し」的文化である。ジャングルジムにはじめて登った子供が「みてみて」と親に叫ぶのと似ている。

幼稚である。もしくは変わった人種といえるのだろう。だが登山文化や登山行為の向こうには、深く広く魅力的な世界が広がっており、それはけっして幼稚ではない。登山者や冒険者とは、命に対する好奇心がとても素直で純粋なのだ（たぶん）。

そんな健全な青春時代を送ってきたので、命とはなにかに興味を持ち、自分なりに本気で考えてきた。ローレンツ、ドーキンス、養老（孟司）、福岡（伸一）などなどが書いている生命にかかわる基本的なサイエンスノンフィクションは追いかけてきたつもりである。

命とはどういう存在かの最新見解、個人見解、歴史的見解は、いろいろな本に面白く書かれていた。素粒子論にその秘密があるとなれば、物理の本も読んだし、ゲーム理論や素数などの数学系ノンフィクションからアプローチするのは今でも好きだ。だが、皮肉なことに読書を重ねるたびにわかってきたのは、「わかっていない」ということだった。現時点で「命の起源」がなにか人類にはわかっていないのである。

月刊「ちくま」の連載「私たちはどこから来て、どこへ行くのか」森達也著も楽しみにしていた命系《いのちけい》読み物だ。私は各出版社のＰＲ誌をお風呂の中で読むのが好きである。軽いから手が疲れないし、濡れても気にならない。「本の雑誌」も時々いっしょに入浴する（ちょっと濡らしてしまうのに抵抗がある）。

その連載が一冊になり、最先端の科学者に命の起源を聞いてまわったインタビューがまとまった。登場するのは、生物学者や人類学者を中心に、物理学者や脳科学者など。著名な科学者の「命」に関する見解がダイジェストになっている。

連載は、最後が尻切れとんぼのような形で終わってしまった印象が強かった。えらい学者にいろいろ聞いてまわっても、「命の起源」は、わからないというのが本当のところだとしても、著者なりの考察があってもいいのにな、というのが最終回の読後感だった。

ところが一冊の本にまとまるとまた印象が違い、会社で資料を読む振りをして一気に読んだ。私たちが「どこへ行くのか」は簡単だ。滅亡が待っている。近いか遠いか、人類の滅亡なのか生態系の滅亡なのか。いずれにせよ、いつか人類も地球も消えてなくなる。諸行無常。盛者必衰。それでも人は考える。いったい生命の目的とは何なのか。

宇宙誕生の瞬間も、生命誕生の秘密も、意志の存在も、どれもこれもわからない。著者も、わからないのに、考えて、いろいろ聞きまくり、また悩む。控えめに記述される著者の根底にはどうやらインテリジェントデザイン、人間原理的な考えがあるようだ。

焚き火ひとつとっても、世界はうまくできすぎている。酸素の量が現状より少なければ火はなかなか燃えないし、多ければ燃えすぎてしまう。扱いやすい焚き火のサイズと人間のサイズはなぜか一致している（ネズミや象にはうまく火が扱えない）。地球のサイズや温度も、水の存在も、人間にとって都合のいいことが多すぎる。地球環境ができあがる確率を試算すると天文学的に低い数値になるらしい。何らかの意図があると考える方がすっきりする。だがすっきりするという理由で採用するには、人間原理は根っこのところが手前勝手で抵抗がある。

量子のふるまいが、人の心のふるまいと似ているということにヒントがあるのか？「命」を、脳、言語、科学なんて物差しで表現することそのものが間違いなのではないのか？　そんな予感にも、著者もインタビューされる科学者も向き合ってはいるようだ。

私も、命や宇宙は人間が分析したり、認識したりする限界の先にあるものなのだろうと考えている。だが、このあと、次節の本で新しい視点を得た。

二〇一六・〇六

いのちを知るために外から観察す　視点アンディ何を見るのか

『アンドロイドは人間になれるか』

石黒浩著（文春新書）

獲物を撃てば、命について考えざるを得ない。それを食べればやっぱり、食とはなにか考える。そして、そもそも何で考えているんだろうという疑問に行き当たる。自分以外の命を食べるのに、いちいち感謝したり、考え込んだりしている動物は、おそらく人間だけである。そもそも、他者の命を奪って、その肉体を取り込んで自己保存したり、自己複製したりというのは、命の最初期からあたりまえのことで、いちいち悩むことではないだろう？

とは言っても、その「命の最初期」のことがよくわからない。なにかをきっかけにアミノ酸が揺れ動き始めたのが生命の始まりと、いまのところ我々は予想している。

命の起源をもとめて最新科学が行なってきたのは、映画の始まりを確認するために、ビデオを巻き戻すような行為だったのかもしれない。アキレスとカメのごとく、限りなく最初に近づくことはできても、そもそものビデオを誰がどこから持ち込んだのかは永遠にわからない。

それはもう言語の限界なのか、もしくは思考の限界なのか？　想像力に限界はないという意見も聞くが、この宇宙に住んでいる我々に、宇宙の向こう側はわからない。地球外生物というのも想像できない。脳の働きがシナプスの電気信号だとすれば、物理的に有限な運動である。だったらやっぱり想像力も有限で限界があるはずだ。

自分の顔を自分で直接見ようとしたら、顔から目玉を取り出して、こっち側に向けるしかない。だがそのとき見える顔はもはや私の顔ではない。命の秘密もそんなパラドクスを含んだ事象なのではないのか。命を知るためには、命を離れて外から観察しなくてはならないが、そんな立場の意識は存在しえない。

行き詰まったところで出合ったのが『アンドロイドは人間になれるか』。マツコロイドなどをテレビで見たことがあるかもしれない。現在のアンドロイド研究の最先端を行く、石黒浩の報告である。

最初は、ぱらぱらとアンドロイドにまつわるエピソードをなんとなく読んでいた。書かれているのは人間側の感覚の話だ。非常に精巧なお人形を、人はどう捉えるのか、というアンドロイドサイエンスの話である。それがわかっているのになお、生きているように見える人形を作っちゃうということから発生する事件や感情は、私にとっても未知の発見や刺激に満ちていた。

命の起源と無理して関連づけるなら、アンドロイドとは「命のことがわからないなら、まず似たものを作っちゃえば？」という強引な力業だ。ビデオを巻き戻すのではなく、別のビデオテープを持ってきて、「あなたが見ようとしているものはこれだ」と差し出してしまうのである。中はカラでも構わない。カセットだけで、私は充分に驚いた。

そもそも、ロボットは人間がやっていた作業を、代わりにやってくれるものとして開発された。

最初は正確さが求められる単純作業が、ロボットの得意分野だった。今でも、プログラミングできないことをロボットにやらせることはできないようだ。

私は毛バリ釣りをしながら、どんなに科学技術が進んでも、ロボットに毛バリ釣りができるわけはない、とずっと思ってきた。遊戯、食、釣り、登山、自然などなど、毛バリ釣りには幾重にも自然や生命の妙が張り巡らされ、文化そのものが生命のようである。もしロボットに毛バリ釣りができたとしても、それは毛バリ釣りではないのではないのか。

本当にそうなのだろうか？　もしアンドロイドが充分に精巧で、魚類からタンパク質を抽出して、それをエネルギーに変えるバッテリーを内蔵し、自分で魚類を確保するようにプログラミングされていたらどうだろう。そのアンドロイドは少なくとも漁ができるのではないのか？

複雑な制御を可能にするカラクリが難しいというのは、テクノロジーの問題である。要するに精巧だとか、複雑だとかいう程度の問題だ。将棋も囲碁も人間はコンピューターに、あっさり負けてしまった。最近は小説も書くと聞く。「こんな複雑なことをできるわけがない」というのは、ロボットと生き物をわけ隔てる絶対的な垣根にはなっていない。程度の問題を取り去っていって、いったいロボットと命の間にいくつのブラックボックスが残るのだろう？　アンドロイドに感情をプログラミングすることはできるのだろうか？

今、ロボットはどんどん人間に近づいている。もしかしたら、鉄腕アトムのように、人間よりもっと人間的な徳をそなえ、力もあって、空も飛べるアンドロイドだってできるかもしれない。人間がなりたかった存在そのもののロボットを作り出したとしたら、あれ？　人間はもういらないんじゃないのか？　ちょっとまてよ、そもそも命の起源が、小さな小さな機械ではない、と証明できるのかな？　私は自分がアンドロイドではないことを、どうやれば証明できるのだろう？人間とはなにかという定義がないから、話がおかしいのだ。私はそれを求めて、命の起源に迫ろうとしていたはずだ。

生命が生まれて四〇億年といわれている。もしマツコロイドを四〇億年かけて改良していったら、人間くらい作り出せるのではないのか。だって、揺れ動くアミノ酸だった存在が、四〇億年後に、本を紹介する本まで作っているんだから……。

命をめぐる考察は、次回にまだつづく。

二〇一六・〇七

自分以外になぜかなれないこの世界　命の起源哲学降参

『存在と時間　哲学探究１』

永井均著（文藝春秋）

「頭のよさそうな本を、手にとっては挫折してきた。」というのは、ＷＥＢ本の雑誌の宣伝文句の一つ。これがコピーライトとして成立するのは、大多数の人間に当てはまるからだろう。頭の良さそうな本というのは、とても魅力的である。「いよいよおれも頭が良くなるのではないか」という夢が詰まっているからだ。

そして私も手に取った。『存在と時間　哲学探究１』永井均（文藝春秋）。命とはなにかに関する考察のファイナルアンサーがあるかもしれない。そう思ってここ数ヶ月格闘してきた。

前二回の考察を簡単におさらいする。いったい生命の目的とは何なのか。宇宙誕生の瞬間も、生命誕生の秘密も、意志の存在も、どれもこれも実のところ科学ではわかっていない、というのが一回目。人間に似たアンドロイドを作って考察してみようという第二回のアプローチは、興味深かったが、生命の秘密に迫るのとは筋がちょっと違った。

そしていよいよ、哲学の登場である。

あなたが「私」と言っても、私が「私」と口にしても、別にその人にとっての「私」であって、とくにおかしなことはない。話が混乱しても、「今の私は俺のこと？」と確認すれば話は通じる。でもよく考えると、私はやっぱり私しかいない。なぜだろう。

これは、言葉遊び、もしくは、言語学の問題ではない。この時空間に意志を持ったたくさんの生命体が存在し、それぞれの生命体は自分だけの五感で世界を認識し、全員が「俺が俺が」と言いながら、それを当たり前のこととして受け入れている。「考えるゆえに我あり」のその前に、なんでそもそもこうなるの？　世の中はなぜこんな形態なのよ？　という疑問である。

人間以外の動物はおそらく空気という物質を認識していない。魚もおそらく水を認識していない（トビウオは海の上を飛ぶとき、何を考えているのだろう？）。

動物の空気や魚の水と同じように、我々人間も時空間を検証せずに受け入れていないか？　五感で感知して、世界を認識する個々がごちゃごちゃと集まって、うごめいているこの世界の形態を当たり前だと考えていないだろうか？

これが、特殊な状況かもしれないとしたらどうだろう。たとえば「朝起きたら、近所のおじさんになっていた。あーあ、今日は肉体派女優Mとして目覚めたかったのにな」というのが日常だったら？　仮に肉体派女優のMとして目覚めたとしよう。そのとき私は自分がMに生まれ変わったと、気がつくだろうか？　気がつかないいんじゃないか？　だって記憶も肉体もMなんだぞ？ああ、せっかく肉体派女優の一日を楽しめると思ったのに、気がつかないなんて……。

さらにまてよ。生まれ変わったことに気がつかないということは、逆に、本当は生まれ変わっているのだけれど、わからないだけじゃないのか？　そうか、俺は誰にでもなれるのか？　さらにさらにまてよ。ということは、俺になるやつもいるのか？　でも、俺が俺じゃなかったことなんて、一回もないぞ。

他の状況はどうだ。たとえば複数の生命の意識がなぜ融合しない？　命は一つでもよかった。二つでもよかった。いや、よくないのか？　今はたくさんある。なんでだろう？　なんで時間は止まらないのだろう？　いやまてよ、そもそも時間は動いているのか？　時計の針は動いているが、時間は流れるという常識は検証されたのか？「この今」というのはいったいなんですか？

自分の存在を疑えないから我あり、の前にデカルトは、どうしてこんなことになっているのか驚くべきではなかったのか、というのが永井さんの疑問である、と私は読んだ。やや弱気なのは、説明しようとすると自信がなくなるからである。おそらく永井さんの耳には「著者が言おうとしていることを、正しく理解できるかどうかわかりませんが……」という前置きのタコができているることだろう。いくつかの論考は考えることができたが、いくつかはついていくことができなかった。難しい単語は出てこないのに、何を言っているのかよくわからないというのは、つらい以前に悲しくなる。つらい読書は放棄されるが、悲しい読書は明日も続く。

人は自分以外の存在になれないから、仕方なく努力する。少なくとも私は、メスナーにも山野井泰史にもなれないから、自分の登山経験を地道に積んだ。そしてあるときから私は、自分の肉体と意志を分離させて、登山全体を見渡すようになっていった。自分という肉体を装置と考え、その装置をいかに山頂まで運び上げ、無事に下ろしてくるか、という視点から自分の登山を検証するのである。破壊強度を超えないように装置を維持運営し、目的を達成するのが、登山だと考えることですっきりした。

実はこの視点、陸上競技から学んだものである。登山に応用して、今は生活や自分自身の存在の考察にも運用している。自分とはいったいどういう存在なのか。そして、世界を認識する窓口は、なぜ自分以外にないのか？　皮膚というボーダーラインの内側が自分で、外側はなぜ自分以外なんだ！

そして最終章、ネタバレになるが書いておこう。

〈あでもないこうでもないと、これだけ論じてきたが、じつは肝心なことは何も明らかになっていない。そもそも明らかになりようがないことを論じてきたからである。〉

ええ？　そうなの？

〈どんな原因から生じたか分からないのは、それゆえに本質的に因果的把握が不可能だからである。〉

ちょっとまってよ。私の三ヶ月は何だったんだよ？　初めて挫折しなかった頭の良さそうな本なのに……。

二〇一六・〇八

文明はしあわせですか生きていますかアマゾンの最奥地より

『ピダハン 「言語本能」を超える文化と世界観』

ダニエル・L・エヴェレット著／屋代通子訳（みすず書房）

毎回、紹介する本に関連する、登山やサバイバルのへ理屈を枕として書いてきた（つもりだ）。今回は書くことがない。それほどまでに、この本にはぶっ飛ばされた。もし、現代社会で生きることに悩んでいる人がいたら、騙されたと思って本書を読んでみることをお勧めしたい。いや、もしかしたら読まない方がいいかもしれない。些細な悩みは霧散しても、硬い芯のような悩みが新たに生まれてしまうからだ。すくなくとも私は根本的なところを蹴飛ばされて、ピダハン前とピダハン後で世界観が変わってしまった。

電気製品や加工食品を否定した登山をしているので、ときに、文明批判のようなことを口にすることがある。そんなとき「そういうお前も現代文明を享受しているじゃないか。登山だって豊かさが前提だろ」と指摘されることがある。ぐうの音も出ない。出ないが今は心の中で思うことができる。

「まだピダハンがいる」と。

著者はキリスト教伝道師兼言語学者としてアマゾンの奥地、ピダハンの村へ移り住む。言語学者でもあるのは、キリスト教イコール聖書であり、現地の言葉を習得して、聖書を翻訳するためだ。

ところがいきなり言葉の壁が立ちはだかる。アマゾンの奥地で暮らすピダハンの言語には、過去や過去完了などの時制はなく、神という概念はなく、文化的に、自分の見たものもしくは報告者が直接体験したことしか信じないからである。本当は誰も見ていない聖書のような物語は、存在しないと同じなのだ。

さらには、左右を表す名詞、色を表す形容詞などが存在しない。数を数えることもなく、いくら教えても１＋１をだれひとりマスターできず、自分たちの起源を伝えるような伝承もない。朝昼晩の三食を食べて、夜は眠るという習慣を持っていない。好きなときに食べて好きなときに眠る。

西洋文明はピダハンのような存在を野蛮、未開として見下してきた。たしかに原始人は彼らに似ていたかもしれない。だがじっくりピダハンの世界に触れた著者は、ピダハンが原始的なのではなく、根本的な世界観が違うのだということに気がついていく。ジャングルの暮らしに、左右は意味がなく、ピダハンは川に近い方、遠い方という言い方で方向を示す。色を概念化せず句で示すのは赤い木の実というより、熟れた木の実といった方が話が早いからだ。小さな魚と大きな魚では得られる肉の量が違うので、尾数を数えても意味はない。

ちなみに、日本でもチームで狩猟をしているとき、「犬はどっち行った？」と聞かれて、左右で答えたら殴られる。東西南北でもわかりにくい。私のチームは村に近い方を「トバ」といい、遠い方を「オキ」という。それに「日向《ひなた》」と「日陰」を加えて方向を示す。猟場によっては、東がトバにもオキにもなり、地形と時間によって、日向にも日陰にもなる。狩猟は天体を含めた全体が流動する行為なので、この方が話が早いのだ。獲物も頭数より、肉の量と質の方が問題になる。

要するに自然に近い生活をしていると、ピダハン的な世界になる。その世界は果たして原始的で野蛮なのだろうか。

ピダハンの母親は、幼児が包丁で遊ぶことを止めない。結果、ケガをする子は少なくないが、それでよい。正しく危険を遠ざけるには「どうすれば痛い目に遭うかをきちんと体験した方がいい」と考えるためである。学校はもちろんなく、物心つく年齢になったら、自分の食べ物は自分で調達することが期待される。ある意味スパルタだが、この教育方針の結果、ピダハンは肝っ玉が据わっているのに、柔軟な思考を持った大人となり、一日一日を生き抜く原動力は、自分の才覚とタフネスさ以外にないと考えるようになる。その結果がおもしろい。村には子供の笑顔があふれ、ピダハンは自分の暮らす村よりよいところはないと考える。

こうなるといったい、我々現代文明人とピダハンとで洗練されているのはどちらになるのだろうか。

もちろん些細なアクシデントで消えてしまう命はある。平均寿命も四五歳だという。熱帯雨林という食料庫のなかのような生活という背景も、ピダハンの世界観には強く影響しているはずだ。

文明を作り出したのは、おそらく冬に備えたり、敵の襲来に備えたりといった生存競争だろう。

それをただ否定しても意味はない。そもそもその文明のおかげで私はいまピダハンの価値観に触れている。

著者はもともとキリスト教普及の意欲に満ちあふれており、伝道師界ではエースの一人として認識されており、それゆえ、アマゾンの奥地という困難な地域に出向くことになった。だが、キリスト教伝道のエースは、ピダハンと生活を共にするなかで、ピダハンの世界観に引き寄せられ、キリスト教への懐疑心を抑えられなくなっていく。ピダハンの世界観は伝道師にとって野蛮ではなく洗練だったのだ。結局、著者は信仰を捨て、必然的に家族も友人も捨て、無宗教になってしまう。キリスト教のバリバリ伝道師がアマゾンの大自然そのものともいえるピダハンによって、信じるものを覆されてしまうのである。

ピダハンの世界観は八百万《やおよろず》の神に近い面もあり、キリスト教徒と科学知識の転覆は、一神教に馴染まない日本人の読者を痛快な気分にさせる。だが転覆するのは著者だけではない。豊かさとは何か、幸福とは何か、追い求めるそれらのものが、自分の進む道の先にはないかもしれないという不安に取り巻かれつつある日本の読者も同じように壊される。

だが壊されたはずなのに、「直っている」ような気がするのはなぜだろう。それは同じ人間の生きる力に触れた誇りのような救済なのかもしれない。

二〇一六・〇九

いつか来る終末世界タフで繊細《やわ》私の銃もレバーアクション

『極北』

マーセル・セロー著／村上春樹訳（中公文庫）

ある読書仲間から「あなたにぴったりの本だから」と送られてきたのは、ポール・セローの『モスキート・コースト』。本を薦められるというのは、なかなか微妙なもので、ずっと感謝するようなすごい出会いもあれば、薦め手の審美眼、ひいては人格まで疑うというやっかいなものまである。先日「本の雑誌」編集部が教えてくれた『一投に賭ける』は手に入れてパラパラ読みはじめ、そのまま、ネットで槍投げの歴史や溝口選手の経歴を調べたり、YouTubeで画像を検索したりしながら、都合四時間、完全に槍投げの世界にはまり込んだ。この本、ある意味では「サバイバルな書物」と捉えることも可能だが、ポール・セローにもどる。

『モスキート・コースト』はハリソン・フォード主演で映画になっていて、観たことがあった。未開の地でたくましく生きる男が、氷を作る機械を開発するが、現地の人々にはその価値がまったく理解されずに空回りという話だった、と記憶する。原作も前半は「大草原の小さな家」的で、「サバイバルな書物」のど真ん中である。

だが送られてきた原作に、どうもうまく入り込むことができなかった。ポール・セローといえば、マーセル・セローの父親だったなと『極北』に手を伸ばす始末。

『極北』という翻訳本は二冊ある。ナンセンの『極北』『FARTHEST NORTH』は第一節で紹介した。セローの『極北』は『FAR NORTH』。どちらの『極北』も繰り返し読んで、付箋だらけである。ナンセンは仕事の調べ物、もしくは、自分を笑い飛ばしたいときに手にとってきた。セローはときどき無性にその世界観に浸りたくなる。狩猟者的諦観で道を切り開いていく主人公の独白が格好いい。

文明の終末期ものというジャンルは市民権を得たのだろうか。猿の惑星、マッドマックス、ブレードランナーと映画は結構多い。本では『ザ・ロード』や『いつかぼくが帰る場所』『EDEN』あたりだろうか。

セローの『極北』も核爆発?後に荒廃した世界が舞台のようだ。著者本人がチェルノブイリを別件で取材したときに、本作の着想を得たらしい。

孤立した北極圏近くの街で暮らす主人公メイクピースの周辺を、消耗した人間たちが通り過ぎていく。

〈平和な時代にあっては堅固で我慢強いものが栄える。しかし無法状態にあっては、素速く無慈悲なものが先手を取る。〉

それまで文明に頼って生きてきた人々はお互いを削り取って生きている。一方で、トナカイ遊牧や狩猟採集などで生活してきたツングースは生き生きと描かれる。現実社会でもソビエト崩壊後、ツングース系の人々は定住化政策によって与えられた住居を蹴飛ばして、自ら遊牧の世界に戻っていった。物質文明の豊かさを経験すると過去には戻れない、という意見は、その発想からして、すでに都市型生活に汚染されている、とツンドラの少数民族は生きながらに証明している。

自分の周りにたくさんのものをちりばめて満ち足りるか、自分のほうを世界の一部にして満足するかで、世界の見方は変わってくる。私は本書で描かれるメイクピースの人間観に強く賛同する。いろいろな事件が起きて転がるように物語は進む。文明力を失った人間が、なんとか生き残ろうと、その世界観をぶつけあっていく。

あるときメイクピースは、飛行機を目撃して荒廃した村を旅立つ。キリスト教徒の生き残りのコミューンに立ち寄り、信仰強化の見せしめとしてリンチされ、奴隷とされる。

〈ある夜、看守たちは野生の豚を二匹殺し、食べ残しを我々に放って寄越した。親切心からではない。我々がその肉の端切れを取り合って争うのを眺めて楽しむためだ。肉片の大きな塊がひとつ、ズルフガルのまさに足下に落ちたのだが、彼はほとんど身動きひとつしなかった。

私は自尊心なんかそっちのけで、その肉に飛びかかり、拾い上げて食べた。肉は半ば焼けて、半ば生だった。そして血だらけだった。殺し方が正しくなかったからだ。しかしそのときのことを思い出すと、今でもよだれが出てくる。私はズルフガルに一切れを差し出したが、彼はそれを取ろうとはしなかった。俺の宗教はそれを許さない、と彼は言った。〉

物語も終盤を迎え、主人公がウィンチェスターの古い銃を手にするシーンがある。ウィンチェスターの古い銃といえば西部劇でよく見るレバーアクションのライフル銃だ。このシーンにもレバーアクションがよく似合う。

〈美しい連発銃だ。レバーが銃身の下についている。それが作られたのは少なくとも、私が生まれる百年は前のことだろう。〉

　レバーアクションのレバーは銃身ではなく機関部の下にある。ウィンチェスターの有名な古い銃にはもう一つ、銃身の下にレバーがあるスライドアクションの散弾銃が存在する。どちらもリピーター（連発銃）と呼ばれている。主人公に射撃を教えた師が同じ銃を持っていたという記述と、銃を撃っている感じから、やっぱり作品に登場しているのは散弾銃ではなくライフルのようなので、レバーアクションだと思われる。「銃の下方にレバーがある」と書きたかったのだろうか。

　ペーパーバックには〈It was a beautiful old repeater with a lever on the underside of its barrel, at least a hundred years older than I was〉とあり、謎は謎のママである。

二〇一六・一〇

よたよたと大地を離れた飛行機は登山者と似て野望を乗せて

『夜間飛行』『人間の土地』

サン＝テグジュペリ著／堀口大學訳（新潮文庫）

〈最初は、彼を自然界の大問題から遠ざけそうに思われた機械の利用が、反対に彼をいっそうきびしく、それらの問題に直面させることになる。〉（人間の土地）

私がフランス文学科を専攻したのは、他に行く学部がなく、太宰治がフランス文学科だったことを知っていたからだった。仏文に入ってようやく本格的にフランス文学を手にしたが、その作品群はおどろくほど肌に合わなかった。女々しくて、回りくどかった。主人公の青年が、気を失って倒れたりすると（例スタンダール『赤と黒』）、そこから先はばかばかしくて読む気がしなかった。

読んでおもしろいと思ったのは、カミュとサン＝テグジュペリだけだった。

サン＝テグジュペリが描き出す、発展途上の飛行機に情熱を傾けた若者たちは、山登りという意味のわかりにくい行為に青春を捧げた若者たち（自分）にどこか似ていた。飛行士たちのやや込み入った破滅的傾向は登山者の代弁をもしてくれていた。

酒やドラッグに溺れるタイプの破滅ではない。行為そのものは自堕落の対極にある。自己を鍛え、綿密な計画を立て、生存と成功の可能性が最も高い合理的な方法を採用する。だが、そもそもなしえようとしている目標が尊大なうえに不合理なので、どんなに合理性を積み重ねても、ときに成功も生存もかなわない。

その目標とは、つたない飛行機での大西洋横断もしくは夜間のアンデス越えであり、登山なら誰も達したことのない峰への登頂。要するに自然環境への人間的な挑戦である。

飛行機がよたよたと空を飛び始め、ヒマラヤの峰にもなんとか人が登れるということがわかってきた頃、大自然を相手に自分になにができるのか知りたい、と思った若者は、そこに人類史的な使命感を見いだし、信じることができた。だから、つたない飛行機で大西洋を渡ることやアンデスを越えることに命を懸けた。誰も達していない頂や、登ったことがない岩壁を登ることに命を懸けた。

死んでしまったら意味がない、死んだらつまらない、死んだらおしまいなどと人は口にする。まるで生き続けていれば、人生は意味があり、おもしろく、終わらないかのようだ。

生きるとは何だろうか。

登山を志して道半ばで死んでいった人々の人生を、夢を完遂できなかったという意味で、もったいない、ということはできるかもしれない。だが、山を舞台に自分とは何かを突き詰める行為に人生を費やし、そこで死んでいった仲間を私は否定することができない。

彼らはリスクがなければ突き詰めることができないことを求め、自分の未来さえも差し出した。リスクを受け入れた時点で、わずかであっても自分が死ぬ可能性も受け入れていた。彼らにとって死は最重要問題ではない。たとえ自分の存在が消えてなくなるかもしれなくても、その存在のあり方のほうが重要なのだ。「生きる」ことではなく「生き方」が一番の問題なのである。

できないことができるようになること。経験を積んだ結果、経験をする前の自分と後の自分が違うもののように感じること。「できた」「わかった」「勝った」はシンプルで純粋な喜びであり、自分で自分を超えていく手応えは、そのまま生命体を魅了する。だから挑戦からリスクがなくなることはない。

リスクがあれば、その可能性の分だけ、誰かが犠牲になる。飛行士も登山者も充分そのことを知っている。挑戦は危険や不安定を前提としているからだ。できるかできないかぎりぎりのリスクを、彼らは好んで求めているのである。

〈ぼくらはすべて、いまだに新しい玩具《おもちゃ》がおもしろくってたまらない野蛮人の子どもたちなのだ。ぼくらの飛行機競争もこれ以外の意味をもちはしない。〉(人間の土地)

時がたち、飛行機の性能がよくなり、パイロットが飛行の延長で死ぬことは少なくなった。登山も発展し、世界中の主な山岳や岩壁は登れることが証明された。だが登山者はパイロットと違って、いまでも山で死に続けている。機械の性能は継承されても、人の性能は個体ごとにリセットされてしまう。世界中の山が登り尽くされ、高山や極寒の地で人間の可能性がわかってもまだ、それぞれの登山者は自分になにができるのかを登山行為の中に探し続けているのである。

私も、自分ではいろいろ挑戦してきたつもりである。だが私は生き残っている。ほんのちょっとした違いで、幸運だったからにすぎないのであれば救われる。挑戦だと思っていた自分の登山が、能力の範囲に収まったつまらない挑戦ゴッコだったとしたら、笑えない喜劇である。

生き続けている限り、その自己疑惑を完全に払拭することはできない。自分の生存が自分の行為の純度を疑っている。

死んでいった仲間のほうが純粋だった。それは間違いない。馬鹿だったと言い換えてもいい。狂っていたでもいい。どちらも挑戦者にとっては賛辞である。道半ばで死んだことが、彼らの純粋性を証明する。死という結果だけは、疑問をはさむ余地がない。だからだろう私は、死んでいった仲間に、嫉妬に似た羨望を感じている。

ギヨメは死んだ。メルモスも死んだ。そんな飛行士たちの生き様を作品にしたサン＝テグジュペリもまた地中海に墜ちて、帰らなかった。

二〇一六・一一

文無しになるまで自分を追い詰めて乗るマグロ漁船刺身特売

『漂流』

角幡唯介著（新潮文庫）

最初に断っておくが、知り合いが書いた本だからという理由で紹介することはない。充分有名だからと無視することもない。面白い本は面白いし、普通の本は普通で、面白くない本……なんて存在しないと信じたい。

ずいぶん昔のことだが、角幡唯介が「アウトドア系のまともな書き手は、服部さんと石川（直樹）とオレだけですよ」と言ったことがある。ああ、オレも仲間に入れてくれるのか……、と嬉しかったわたしは「三兄弟だな」と答えておいた（だんご3兄弟が流行っていた）。その後長兄の私を差し置いて、次男（角幡）と三男（石川）は、すごい賞をつぎつぎに受賞して、どんどん売れっ子になっていった。

「どうすれば、評判になるの？」と売れる本を書くコツを次男に聞くと「人を殺せばいいんですよ」と返ってきた。本の中に「遭難死」という要素を入れると、人の関心度が上がるというのである。思い返せば『空白』も『雪男』も『アグルーカ』も遭難が絡んでいる。三男の『最後の冒険家』もそうだ。遭難に行方不明をまぜるとさらに効くらしい。

次男坊は、売れるカラクリを超えて、心から遭難プラス行方不明に惹かれているようだ。

一九九四年二月、マグロ漁船第一保栄丸が沈没、乗組員は救命筏《いかだ》で漂流し、三七日後に救助された。水も食料も漂流前半で早々に尽き、後半はほぼ雨水だけで、二八〇〇キロも漂流し、にもかかわらず乗組員九人はなんとか全員生存していた。日本人は船長ひとり。他の船員はフィリピン人で、そのフィリピン人たちが「日本人の船長を殺害して食べることで意見が一致していた」という記事まであった。沈没（海洋遭難）、漂流に加えて、カニバリズムとくれば、気を惹くノンフィクションのネタは充分である。

気象条件に恵まれたとはいえ、三七日の漂流を生き残るのはすごい。探検家や冒険家よりよほどタフかもしれない。漁師という要素が、しぶとく生き残ったことに関係しているのか。船長に話を聞くべく、自宅を見つけ出して電話してみると、船長の妻から「救助から八年後の二〇〇二年に同じくマグロ漁に出て、行方不明になったまま、帰っていない」と告げられる。

角幡も本を読む読者（私）も俄然興味を惹かれて南方マグロ漁船の世界に入り込んでいく。そしてそこには、単なる遭難漂流におさまらない、広大な時空間と人間模様が深い森のように広がっていた。

まずは、船長の出身地、沖縄県宮古島市伊良部島佐良浜の環境と歴史である。佐良浜の住民は独自の海洋文化をもつ池間民族であり、その始まりは補陀落渡海《ふだらくとかい》で海に出た僧侶にあるという。補陀落渡海とは、閉鎖された舟で漂流しながら観音菩薩の住処《すみか》へ向かう捨身行のこと。「入定《にゅうじょう》」（即身仏になるための究極修行）を土中ではなく、海の漂流で行なうというすさまじい宗教行為がかつて存在した。その修行の結果、めでたく浄土世界に着いたか、やっぱり死にたくないと頑張って沖縄に流れついたかはともかく、補陀落僧が興した村は沖縄に実際に存在し、その一つが船長の出身地佐良浜だったのだ。

漂流者の故郷を訪ねたら、その元祖もまた漂流者だったという象徴的符合。大海に浮かぶ伊良部島は補陀落僧だけではなく、四方から漂流者が集まってできたような村で、漁で生きていくことしかできず、戦争と高度経済成長に翻弄されながら、漁だけに秀でた人間を日本の遠洋漁業に数多く輩出していく。

太平洋戦争を挟んだ佐良浜の漁師の歴史は圧巻である。明日の命を約束されていない絵に描いたような海人《ウミンチュ》で、カツオやマグロを釣りまくり、海に沈んだ不発弾を拾って売り、儲けた金は女と酒に全部つぎ込んで、文無しになってまた、命懸けのヤバい仕事に帰っていく。潜りと操船と漁労に絡む儲け話があれば、地球の反対側だろうと違法だろうと関係ない。沈没船の弾薬を回収していて誤って自分が爆死。回収した弾薬から違法漁のための爆弾を作ろうとしてまた爆死。体の吹っ飛び具合と爆破時の作業分担を比較して、遺体の主を予測する。当たり前のようにそんな生涯を受け入れる漁師たち。命と存在に関する考え方が根本的に違うらしい。

角幡は実際にマグロ漁船に乗って航海の実態を取材し、日本人船長とともに漂流したフィリピン人乗組員を見つけ出して話を聞く。漂流中の詳細に迫りながら、船長の足跡を追っていく。

紹介される豪快な漁師のエピソードは、全体の一部でしかないのだろう。漂流、行方不明、爆死、と穏やかとはいえない死に方が、海と漁でしか生きることのできない人々の性《さが》と業をじりじりとあぶり出す。

「我々が食べているのは魚ではなく、漁師の命である」と誰かえらい人がどこかに書いていた。それは真理だとしよう。だが同時に、稼いだ金をすっからかんになるまで散財して、自分を追いつめなくては、とてもではないがマグロ船なんか乗りつづけられないという面もあるようだ。かといって、別の生き方はもっとできない。自分の能力を発揮できない世界で細々と生きていくことなど、少なくとも佐良浜の漁師は耐えられない。

その悲哀は、どこか登山者と似てなくもない。ただその分析に関しては、そのことを考え続けた次男坊が本書に書いているので、そちらに譲る。

二〇一六・一二

情熱を失わないのが才能と羽生は言うけど藤井どうなの

『棋士という人生 傑作将棋アンソロジー』

大崎善生編（新潮文庫）

埼玉のD大学で毎年一コマだけ授業を頼まれている。自由時間設計というタイトルで、起業家や各界の著名人などが、週代わりで人生を望み通りに生きる極意を語るらしい。「らしい」というのは他にどんな講師が授業をしているのか知らないからである。

本来なら私が教えてほしい「極意」を、なぜか私が教壇のうえで話しているという、ちょっと変わった構造の授業である。

自由というのは難しい概念である。シンプルに自分の自由に生きたいなら、日本国民であることも、人間であることもやめて、どこかの山奥にでも籠って、自給自足で生きていけばいい。そんな生活は人間社会からは自由になっても、自然環境から制約を受けるし、文化に自由に触れることもできない。私が一コマ分担する授業が一年を通してなんとなく目指しているのは、企業の駒として没個性で生きていくのではなく、積極的に自分の人生を創り上げていくハウツーの提示なのだろう。

生命の存在理由や生きる意味を、卓越した言説表現の中に探すというのが、本書の命題のひとつだ。だが、どうやら人類はまだその問題の解答にたどり着いていない。命や人生に関する科学的な問題や、哲学的な疑問は未解決のままでも、日々は怒濤のごとく流れ、我々はその中を無様であろうと泳ぎつづけなくてはならない。

時空間を観測する客観的な視点は存在し得ない（我々の存在する空間は永遠のなぞである）と承知したまま生き続けるのはよく考えると恐ろしい、というのがハイデガーが言いたかったことだと、勝手に解釈しているが、そんなことより今夜のメニューと、近未来の見栄と体面のほうが遥かに重要な問題だ。

結局授業では、私も悩みながらこうやって生きてきました、と自分の半生とそのとき考えていたと思われることをスライドを交えて話している。

狩猟採集で生きていた時代はのんびりと平和だったという説もある。文明が生まれ、江戸時代のお百姓さんは『カムイ伝』を読む限りでは、かなり大変だったようだ。その後、地球全体を巻き込むような世界大戦が二回あり、まあ、一〇〇年前五〇年前に比べれば、情報、物質、選択肢、という意味においては、現代の人間はすごく恵まれているように見える。

豊かになり、人間があふれ返る時代に「特別な人生を生きたい」と考える若者の気持ちはよくわかるし、私自身もある意味では、そんな思いを捨てきれず、今もまだもがいているのかもしれない。

一人一人が特別な存在だ、というのは嘘である。みんなが特別な状態を特別とはいわない。現実はほとんどの夢が破れるか、妥協して自分をごまかして生きていく。それでもわずかな可能性があるなら、自分に運と才能があるかないか、一か八かギャンブルしてみたい。

棋士の生き方に惹かれるのは、そんな生き方のド真ん中だからなのかもしれない。数学系、進化系、オオカミ系、スポ根系などが、私がついつい手を伸ばしてしまうジャンルだが、「将棋系」もそのひとつである。『3月のライオン』『猫を抱いて象と泳ぐ』『チェスの話』『聖《さとし》の青春』など私の将棋本コレクションに、『棋士という人生』が加わった。タイトル通り将棋棋士たちの業が滲み出した生き様や真剣勝負が生々しく報告される。

二六のエッセイが収められた本作には、作家が描く棋士たちの姿もあるが、どちらかというと実際に勝負の世界に身を置いた者の肉声に凄みがある。傍観者ではない言葉の力である。

〈(公式戦は)碁でも将棋でもね、男と男があらん限りの力を出し合ってぶつかるんだ。美しいよ。残酷だし、豪壮だよ。人生なんてもっと甘い〉とは、無頼の棋士芹沢博文。

「狂気の世界に入口はあるけど出口はない」とは羽生善治。

日本中から将棋の神童が集まってその神童さ加減を試し合うような奨励会は、ギャンブル的人生の見本市だ。

〈三段リーグに入ったとき、僕はベテランの三段たちを思い切り見下していた〉

三段リーグとはプロ棋士になる最後の関門。制限年齢に達するまでにここで上位成績を収めないと、プロの道は閉ざされ、一般人に戻らなくてはならない。

〈彼らは自分の踏み台、養分になるべき存在と思っていた〉

そう報告する本人は、三段リーグを突破できずに退会する。

〈将棋と人生の最大の類似性は、有限の持ち時間のなかで「決断」を続けなければならない厳しさと面白さだ。（中略）後から最善手に気づいたとしても、それは決して運命を変える力にはなり得ない〉

「人生はやり直せる」などという言葉は、やり直せる程度の人生にしか当てはまらない。私の授業を受けた大学生も、「取り返しのつかない時間」という名の青春を必死に生きているのだろう。この三段リーグにまつわる青春を記した棋士は、舌ガンが体中に転移して、志半ばで夭折した。

プロになれるにしろなれないにしろ、勝負に人生をかけた男たちは特別である。一方、「平凡は妙手にまさる」は大山康晴十五世名人の名言のひとつ。さて、特別と平凡どっちがいいのでしょうか？

『大きな鳥にさらわれないよう』

川上弘美著（講談社文庫）

ディストピア系といえば『極北』マーセル・セロー、『ザ・ロード』コーマック・マッカーシー、『いつかぼくが帰る場所』ピーター・ヘラー。挙げた順が私の好みだ。どれも近未来の人類が滅亡しかけたこの世の話で、ディテールのリアル感が作品の魅力になっている。『センセイの鞄』の川上弘美の新作が、実はディストピア系だと、小耳に挟んで手に取った。

挙げた三作の作者と違い、川上弘美には現場をタフネスに這いずるような経験がないはずだ。となると、頭の中で想像したディストピアのはずである。読者を引きつけるハードボイルドなディテールが書けるのか？ と読む前はちょっと上から目線だったことを白状したい。

ところで先日、安っぽいテレビ番組の取材を受けた。「究極の選択」という企画で、まず前提状況が「最後の人類として土壌が豊かではない孤島に暮らす（どうやら地球にはもうその島しか残っていない）」。そして質問が「その島でいっしょに暮らすパートナーとして、以下のどちらかを選べるとしたらどちらを選びますか」というもの。

A「健康美人系グラビアガール」

B「かなり年増の女性料理研究家と一年分の食料」

質問の意図は、極限状態で性欲と食欲のどちらが優先されるのか、らしい。提示された状況は、人類の滅亡直前、ディストピアそのものである。

本気で真剣に考え、その割には悩むことなく答えを出した。Aである。繁殖できなければ、食料がいくらあっても意味がない。滅亡を先延ばしにするだけだ。「A」と私が即答したのでテレビのスタッフが「食料一〇年分なら？」と選択肢Bの価値を上げた。

食料一〇年分という発想が、現代都市文明に脳が芯まで侵されていることを示している。一〇年間保存できる食料は食料と言えるのか？　そういう保存食だけを食べて、健康に生きていけるのか？　サプリメントがあったとして、そんな食事を年老いた料理人（女性）と一〇年食べ続けることに意味はあるのか？

食べ物とは生き物である。我々が近い未来に食べるものが、いまもどこかで生きている。ちょっと遠い未来に食べる命の祖先が、いまもどこかで世代を繋いでいる。いま共に生きている生き物の子孫を私の子孫が食べる（もしくは食べられる）。生きるとは多くの食べ物と共に生きていくことなのである。

思いがけず、この連載で追いかけ続けている「生きるとはなにか」に関する答えがひとつあらわれた。

生きるとは、とりあえず保存食で延命している状態にあらず。多くの生き物が溢れる環境の中で、自分もただひとつの生命体として正しく振る舞うことである。少なくとも私はそう考えている。こんなことを明確に意識させるとは、バラエティ番組の質問も捨てたものではない。

自分だけが生きている状態ではダメ、全体が生きていくのが生きるということだ。連綿とつながる子孫は生きる希望であり、子孫の命には子孫が食べる命も含まれる。だからやはり生態系や環境の保全は大切なのだ。私があらためていうまでもない。

さて、たとえ適度な環境が保たれたとしても、いつか人類には滅亡がやって来る。必ず来る。「適度な環境」が人類を拒否するかもしれない。人類のほうが劣化するかもしれない。ハイパーウィルスの爆発感染がおこるかもしれない。イエローストーン国立公園が大火山爆発するかもしれない。マッチョ気取りの大統領がとち狂っちゃうかもしれない。いろいろうまく乗り切っても太陽に寿命がある。

そしていつか誰かがかならず最後の一人を経験する。私には最後の一人を経験してみたいと思う気持ちがどこかにある。同時に気が狂うほど寂しいだろうなあと想像する。

『大きな鳥にさらわれないよう』は終焉にむかう世界を匂わせて話が進む。パラレルワールドのようでもあり、おとぎ話のようでもあり、マイルドなSFのようでもある。よくわからない靄のかかったような世界にもかかわらず、読み心地がいい。秘密を秘密で説明するように、このまま、ぼやけたまま進んでほしいと思いはじめたところで、突然、種明かしの一発が豪速球で投げ込まれる。

〈いくつものカタストロフやインパクトの後、人類は急激に減りつつあった。ついに人口数は臨界点を下まわりはじめていた。いったいどうすれば人類がふたたびこの地球上で繁栄の機会をもつことができるのか。残存する頭脳を結集させ、あらゆる技術を掘り起こし、長大で複合的な計算をコンピューターでおこなっても、はかばかしい展開は得られなかった〉

そんなとき記憶を継承できる特殊なクローン人間が生まれる。彼らは少なくなった人類をいくつかの集団に分断し、おのおのを隔絶しようと決断する。グローバル化の逆、隔離して「個性を進化」させ、「アタリの集団」に人類の生き残りを賭けてみようというのだ。

〈負けるに決まっている賭けなのに。ただ、賭けた、というそのことをもって、あなたたちは幸福になる〉

さて、こんなことを言う主体はだれ？

徐々に明かされる世界の成り立ちの秘密。生まれ出る新人類は葉緑素をもっていたり、目が三つだったりと突飛なのに、いかにも本当に存在しそう。

なんとか生き残ろうとする人類は、いくつかの基本的な感情がシンプルに際立っていくようだ。むき出しになった皮肉や愛や憎しみが、物語ゆえに蒸留され、「人間らしさとは」という問いとともに染み込んでくる。

なるほどタフな現場の経験がなくてもディストピアは描けるらしい。というか本屋で購入してすぐ、仕事そっちのけで没入し、翌日には読み終えていました。小説家恐るべし。侮ってすいませんでした。

二〇一七・〇二

命懸け価値があるのかないのかは命懸けなきゃわからない斬る

〈ヴォイド・シェイパ〉シリーズ

森博嗣著（中央公論新社）

二〇一六年のベスト本といった企画が出始める時期である。私は二〇一六年の一年間で「腰抜かし本」に出会うことはできなかった。読書量がたりないのか、歳をとって鈍化したのか。読んだ本の記憶を消し去る薬があれば、面白い本を何度も興奮しながら読めるのに、とバカなことを考えてしまう。

歴代の腰抜かし本は、なんやかんやと理由を付けて、この連載で紹介してきた。まだ取り上げていないのは『サルなりに思い出す事など』と『一瞬の風になれ』『七帝柔道記』くらい。『一瞬の風になれ』は、自分が陸上をやるからかもしれないが、いまでも「あれはいったいなんだったんだ？」という余韻が頭の中で小さく鳴っているほどの衝撃だった。「本の雑誌」でも「二〇〇六年はこの本のためにあった」といった言葉で評価していた。当時いち読者として同じ思いだった私は「よくぞ言ってくれた」と喜んでいたのだが、あれから一〇年、自分がその雑誌で連載を続け、その連載を一冊にまとめている……。

『一瞬の風になれ』を読んだのも年末だった。ザックに入れて出猟し、とある峠で待ち伏せしながらページをめくったのだが、物語に入り込みすぎてしまって、待ち伏せどころではなかった。もしケモノがそこに現れ、狩猟者がページをめくりながら涙を拭っているのを見たら、いったいどう思ったのだろう。

『一瞬の風になれ』は全三巻完読してそのまま第一巻に戻り二周した。実は二〇一五年まで、本屋に並ぶとすぐに購入して、必ず二周するほど入れこんでいた本がある。森博嗣の『ヴォイド・シェイパ』シリーズである。二〇一一年の四月から、毎年四月に発売される最新刊を楽しみにしていた。だが、一六年の四月には出なかった。『マインド・クァンチャ』が最終巻だったのである。

読まなくてはならない本は常にあるのに、読みたい本がない日がある。そんな夜は布団に持ち込む本を探して本棚の前に立ち、結局、手にとるのは『ヴォイド・シェイパ』シリーズだった（『あひるの空』も頻度が高い）。布団の上で、読みはじめると気になって、一〇〇ページくらいは読んでしまう。翌日の電車でつづきを読み、結局何周したかわからない。

分類分けするなら剣豪小説になるのだろう。火縄銃の使われ方や戦《いくさ》の扱い、将軍という言葉などから、時代設定は江戸初期から中期のようだ。同じ作者の『スカイ・クロラ』と同様、地球とよく似たパラレルワールドと考えることもできる。

天下の剣豪と謳われた育ての親カシュウが死んだため、主人公ゼンノスケは籠っていた山を下りる。どうやらゼンノスケには高貴な血が流れているらしい。ゼンノスケの命を相続争いから守るのが、カシュウに課せられたもうひとつの役目だったのだ。そしてカシュウはゼンノスケの剣術の才能に早くから気がついていた。高貴な生まれであることを伝えずに、剣の修行を続けていく。ほとんど他人と交わることなく、修行と山での自給生活だけで青年になったゼンノスケは、山を下りてから、さまざまな縁で避けがたい真剣勝負を繰り返すことになる。

新刊を購入して、ほとんど一ページ目から、いったいどうなるんだ？　とむさぼるように読んだ。仕事中に鞄の中にある物語の先行きが気になって気になって、カラ外出を作り出し、会社近くの神社で読んだこともある。スタバより神社がいい。斬り合いの細かい動きを想像するより早く、筋を追ってしまうので、二周目はゼンノスケと相手の動きをちゃんと思い浮かべながら、真剣勝負の光景をしっかり頭の中で再現する。そして、三周目はゼンノスケの思索を追う。実はゼンノスケは理屈っぽい。

〈今まで出会った誰より強い。／闇の中に一人立つ敵は、この命を懸けるだけの価値がある。／それがわかった。〉（「／」は改行）

真剣の勝負は、はじめればどちらかが死ぬ。生きるか死ぬかしかない。そんな世界と比べるのはおこがましいのだが、登山者にも真剣勝負に赴くサムライと似ている部分がある。

そこに山があるからというのは、面白い回答だが、山に登る理由を説明していない。登山者はただ「リスクを受け入れても登る価値がある」と判断して山に向かう。自分がいかほどの存在なのか、登山を通して知りたいと思う。厳しく難しい山に登ることでそれを知りたいと思っている。自分は自分が思うような強い存在であるのか「この山に登ればわかる」と強く感じるから山に向かうのである。

〈斬り合ってみなければ、本当の強さはわからない。〉

鍛えただけではだめで、命懸けの真剣勝負が必要なのだ。

〈己の剣は、己より上にある。／己の命よりも高いところにある。／それが、わかる。／それが、今わかる。／今、試される。〉

命を賭して戦うというよりは、自分の肉体を使ってしか知り得ないことを知ろうとしているのである。安全地帯を飛び出し、鍛え上げた自分の肉体と技術を露《あらわ》にして晒さなくては、わからないことがある。そうやって知り得た「なにか」によって喚起される高揚感を知った者はもう後戻りはできない。

〈命が、最も大切だとは思えないからだ。〉

生きるとは肉体による証明である。命も躰も激しく使わなくては、存在の意味はない。

だが、誤った一歩を踏み出せば元も子もない。そのバランスが釣り合う瞬間はもしかしてないのかもしれない。

飲み過ぎて迎えた朝にうなだれてたどる記憶に似た人類史

二〇一七・〇三

『サピエンス全史　文明の構造と人類の幸福　上』

ユヴァル・ノア・ハラリ著／柴田裕之訳（河出書房新社）

先月号で二〇一六年は腰抜かし本には出会わなかったと書いたが、その直後にドカンとぶつかってしまった。だがここでも白状しなくてはならない、本書が年間ベスト本に挙げられているのを、二ヶ所以上で確認し、どれどれと手に取ったら、腰が五、六本抜けて立てなくなった。

近所のくまざわ書店で一位、「ブラジルの密林大河」でも総合ベスト一〇以内と、もう、さまざまなところでベストセラーに書名が出まくっており、いまさらサバイバル登山家が紹介する必要もないのだが、おもしろい本はおもしろい。

我々ホモ・サピエンスがいったい今までなにをやらかしてきちゃったのか。地球史でもなく、生物史でもなく、哺乳類史でもなく、人類史でもない。成人式に集まったボウズたちが武勇伝を自慢し合うようなサピエンス史である。

現生人類が原始人から少しずつ進化してきたようなイメージを学校で習ったが、まずここからが大間違い。

〈じつは、約二〇〇万年前から一万年前ごろまで、この世界にはいくつかの人類種が同時に存在

していた〉

われわれホモ・サピエンス、そしてホモ・ネアンデルターレンシスとホモ・エレクトスなど六種のヒトが一〇万年前には暮らしていた。

〈ホモ属は食物連鎖の中ほどに位置を占め、ごく最近までそこにしっかりと収まっていた。人類は数百万年にわたって、小さな生き物を狩り、採集できるものは何でも採集する一方、大きな捕食者に追われてきた。〉

人類の特別な能力は思考力である。それは他の生き物とはっきり区別できる。だが、他の哺乳類に勝るほど大きな脳を手に入れた以降も人類は、二〇〇万年間、単純な道具を使うだけにとどまり、大型肉食獣を怖《おそ》れて生きていたのだ。

二〇〇万年といえば、我々が骨や木片に文字みたいなものを刻みはじめてからスマホができるまでの約七〇〇〇年を二八五回繰り返せる歳月である。それだけ長々と慎《つつ》ましく生き続けてきた人類が、数万年前にサピエンス以外、すべてそっと消えてしまう。七万年前のある日、サピエンスの脳内にだけ画期的な変化が起きたからだ。

その飛躍は簡単にいうと「物語」である。物語には言葉がいる。だが言葉はサピエンスだけのものではない。動物たちも言葉を持っている。おそらくネアンデルタール人も持っていた。サピエンスだけが手にしたのはその言葉を時空間的に飛躍させて「物語る」ことだった。七万年前に「虚構」という概念を得た我々は、見たことも聞いたこともないことを言葉で表せることに気がついた。虚構の世界を構築して、それをみんなで共有したり信じたりすることで、親近者だけではなく、同じサピエンス同士で柔軟に協力することができるようになったのである。

これにより、集団として力を得たサピエンスが世の中に広がる。その繁栄は、同時代に生きていたネアンデルタール人をはじめ、同種たちを圧迫し、絶滅に追いやった。ネアンデルタール人は筋骨隆々でサピエンスはタイマンではまったくかなわなかったが、みんなで協力し、作戦を立て、訓練して挑めば、勝てたのだ。

あとはもうイケイケである。新大陸に上陸し、そこに暮らす大型哺乳類のほとんどを絶滅させる。これは我々が凶暴だったからではなく、サピエンスというあたらしいプレデターの台頭に動物側が適応できなかったからだ。

〈人類は食物連鎖の頂点へと飛躍した（中略）ピラミッドの頂点にいるライオンやサメのような他の動物は、何百万年もかけて徐々にその地位へと進化した。そのため、ライオンやサメが度を超えた補食を行なわないように、生態系は統制と均衡の仕組みを築き上げることができた。（中略）それに引き換え、人類はあっという間に頂点に上り詰めたので、生態系は順応する暇がなかった。〉

昨日私も鹿を撃った。鹿の生態は猟銃にまったく対応しきれていない。

〈そのうえ、人類自身も順応しそこなった。（中略）私たちはつい最近までサバンナの負け組の一員だったため、（中略）恐れと不安でいっぱいで、そのためなおさら残忍で危険な存在となっている。（中略）戦争から生態系の大惨事に至るまで、歴史上の多くの災難は、このあまりに性急な飛躍の産物なのだ。〉

農耕をはじめたものの、今度は手にするカロリーを超えて増えていく人口に追われて、忙しさを増していく。

〈人々はなぜ、このような致命的な計算違いをしてしまったのか？（中略）自らの決定がもたらす結果の全貌を捉え切れないのだ。〉

我ら以外の人類を葬り、哺乳類の半分以上を絶滅させ、よかれと思ってはじめた農耕に追われ、貧富の差が生まれ、奴隷を生み、ついでに、家畜を増やして病気をもらう。さらには自分たち同士でも殺し合う。環境も、生態系も荒らしまくる。殺すも殺したり数万年。そんなことをした覚えはないと言いたいけれど、状況証拠は揃っていて、指摘されたら否定できない。まるで飲み過ぎた夜の記憶のようだ。本書がベストセラーになるほど読まれているのに、なぜ人間社会には反省の兆しすらないのだろう。

サピエンスの秀でた部分のひとつは、矛盾するふたつの事象をそのまま受け入れる度量にもあるらしい。これを認知的不協和という（上巻二〇五ページ）。

どうやらこの二日酔い的な感覚がサピエンスというものなのだ。（つづく）

二〇一七・〇四

『サピエンス全史　文明の構造と人類の幸福　下』

ユヴァル・ノア・ハラリ著／柴田裕之訳（河出書房新社）

〈七万年前、ホモ・サピエンスはまだ、アフリカの片隅で生きていくのに精一杯の、取るに足りない動物だった。〉

だが脳内に著者が認知革命と呼ぶ何らかの覚醒が起こり、人類は虚構の物語を共有する能力を有するようになる。その結果、人は時空間に対する認識を変え、目に見えない場所や未来を想像することができるようになり、おそらく生物として初めて「空間と自分」という存在を客観的に分析する立場を得たのではないかと予想する。

認知革命の末にホモ・サピエンスは〈全地球の主となり、生態系を脅かすに至った〉のだ。

ここまでが前回のおさらい。人類が他のホモ属や大型哺乳類を絶滅させ、いかに環境を壊してきたかというちょっと気の滅《め》入《い》る話だった。

そして〈今日、ホモ・サピエンスは、神になる寸前で、永遠の若さばかりか、創造と破壊の神聖な能力さえも手に入れかけている〉のが下巻になる。

地球にはびこったサピエンスはその後、貨幣という斬新な信用制度を生み出し、帝国が生まれ、宗教が広がり、さらに、科学が成立する。大航海時代に自分たちが暮らす惑星の概念を摑みはじめ、各自でバラバラに生きていた民族集団が「人間界」としてひとつにつながる。既存の帝国と貨幣が合わさって、富を求めるヨーロッパの民族に征服され、絶滅した民族集団も多い。

植民地を奪い合うライバルを出し抜くために科学が重要なカギとしてもてはやされ、手厚く登用されていく。科学の肝は「我々は何も知らない」という潔《いさぎよ》い開き直りだった。科学が勃興する一五〇〇年頃まで、唯一の知識体系（世界観）であった宗教は「（少なくとも神様は）なんでも知っている」と言い張ってきた。だが、とにかくまずはなんでも「？」を付けて疑うのが科学である。神様さえ疑っちゃえという視点はまさにパラダイムシフトであり、科学は数学という完璧ではないにせよかなり客観的な物差しと知識欲と経済発展に支えられて躍進する。

これら「なんとなく知っていた知識」を、マクロな視点から読者に俯瞰させて、体系的に結びつけ、ちょっと神様になった気分にひたれるのがこの本の最大の魅力である。読書の快楽とはそれにつきるのかもしれない。

資本主義から、産業革命、世界大戦、帝国の滅亡、そして現在と、後半は学校で聞かされた社会科の授業に近い。そして最後に期待を裏切らず大どんでん返しが用意されている。

幸福の概念への疑問と今後の人類の展望というクールなSF的達観である。

認知革命から七万年、異種も同種も直接も間接も、殺しに殺しまくってきた人類は、近年急速にその暴力性を減退させている。（食料にする家畜の命は別にして）戦争の犠牲者や、凶悪犯罪はどんどん減少中だ。殺人は近い将来ほぼなくなると主張する知識人もいる。

戦争はもう流行ではない。激化すると核戦争になって世界心中になる。もはや侵略しても、植民地にできない（世界秩序が許さない）ので、侵略戦争は経済的にペイしない。戦争は得《とく》がなにもない悪になり、戦士や兵士も憧れの対象ではなくなっている。世界の経済的な繋がりが密になり、一部の地域を軍事的に痛めつけるのは自分を痛めつけるのと同じになった。以上が正のスパイラルとなって、地球からどんどん戦争はなくなっている。

庶民レベルにおいても治安がよくなり、我々は他の部族や肉食動物に襲われる心配なく夜を過ごすことができる。エネルギーの大量消費とひきかえに、公衆衛生が進み、感染症への医学的な対策もある。明日食べるものにもとりあえず困っていない。理不尽な死（なんてものがあるならそれ）から、我々は史上もっとも遠い存在である。だがそんな我々は、果たして幸せになったのだろうか。

実は幸せとは何かがわからないので、この問いにはどうとでも答えられる。そもそも生物がなにを目的になぜ存在するのかわからないのだから、なにが幸せなのかわかりようがない。そのうえ、そのわからない自分たちの存在をさらに大変革してしまうかもしれない方向に人類は向かっている。簡単にいうと、生物工学、サイボーグ、人工知能である。

脳内にチップを埋め込んで、神経信号を電波で飛ばし、外部のものを操作するというのは当たり前にできるらしい。となると理論上、脳とコンピュータを繋ぐことも不可能ではない。脳とインターネットはもちろん、もしＰＣを介して他人と繋がれるとしたら、知識や記憶とはどういうものになるのだろう。都合のいいように遺伝子をいじった人間はオリンピックに出られるのか。

寿命が六倍になったら、ええと年金はどうなるのだろう？　これらはもはやＳＦの世界ではない。科学はまだ生命の始まりを解明していないのに、遺伝子をいじって、生物を作り替えることや寿命を延ばすことには成功しているのである。

私は、生き物とは身体的な（物質的な）存在だと思っている。生死は生き物がこの世に存在していくための戦略であり、個体の生死は生命全体の新陳代謝である。だから自分の死を受け入れる覚悟もある（つもりだ）。それをよりどころにしなければ、他の生き物の命を奪って食べることは受け入れがたい。だが、いま人間は「自然の掟」から離れて、生命工学が作りだす「新しい掟」に従おうかどうか、選択を迫られている。

生命の呪縛から離れた、まったく新しい価値形態に存在する意志？……。それは開放された感覚なのか、それとも狭い洞窟に永遠に閉じ込められるような恐怖なのだろうか。見てみたいという純粋な好奇心がある。

二〇一七・〇五

『アンドロイドは電気羊の夢を見るか?』

フィリップ・K・ディック著/浅倉久志訳(ハヤカワ文庫SF)

映画『ブレードランナー』の原作『アンドロイドは電気羊の夢を見るか?』は、約半世紀前に書かれたSFの古典である。厳密に言うなら、羊を数えるのは眠る前で、眠ってしまったあとの夢の中には、人間であろうとアンドロイドであろうと「羊」は不要なのだが、このタイトルから始まる倒錯感が作品の味になっている。

映画は哲学的未来SFアクションだが、原作のSF小説は現代風刺要素が強く、その慧眼は五〇年経っても色あせない。舞台は最終戦争後のアメリカ。地球には放射能が降り注ぎ、裕福な人間は宇宙に移住している。汚染された地球上では人間以外の生き物がわずかになり、それら本物の生き物をペットとして飼うのが地位の象徴となった。

主人公のリックは、アンドロイド抹殺専門の賞金稼ぎ。中間所得層という感じで、本物の大型生物をペットにできずニセモノの羊(電気羊)で我慢している。

〈ニセモノなんかを飼っていると、だんだん人間がだめになっていくような気がする。といっても、社会的な立場からはやむをえずそうするしかない〉

リックは大型動物を飼うことを夢みる。電気羊を本物のダチョウに取り替える費用を計算すると、逃亡アンドロイドを五体「処理」する賞金が必要だ。そんな中、火星のアンドロイドが人間を殺して、地球に逃亡してくる。

そのアンドロイドは最新のネクサス6型だった。

〈この数年、知能テストでアンディーが化けの皮を剝がれたためしはない〉

アンディーとはアンドロイドを指す隠語である。アンドロイドの中でも特にすぐれた頭脳ユニットを持つネクサス6型は、人間との見分けが非常につきにくい。ただ、命に共感する能力がアンドロイドには皆無であることを逆手にとった「フォークト＝カンプフ感情移入度検査法《エンパシー》」がある。電子計算による演技なのか、感情による反応なのかを判断する機械である。

森博嗣の連作小説「Wシリーズ」は、この感情移入度測定検査を研究しているハギリ博士（生命工学）の周辺に起こる事件を扱う。文庫書き下ろしで、とても面白く、今回、紹介をするつもりで前置きを書きはじめたが、その前置きが長くなった。このままブレードランナーの話を続けよう。

〈ある程度の知能が、クモ類を含めたあらゆる門と目《もく》の生物種に見いだされるのに対して、感情移入はどうやら人間社会だけに存在するものらしい。（中略）クモが餌食の身になって考え、相手の生きたい気持を思いやったりしたらたいへんだ。これは（中略）あらゆる捕食者にいえることで（中略）感情移入《エンパシー》という現象は、草食動物か、でなければ肉食を断っても生きていける雑食動物にかぎられているのではないか——〉

〈ヒトのような群居動物は、それ（感情移入）によって一段高い生存因子を獲得する。一匹狼的なフクロウやコブラは、逆に破滅に近づくだろう。

人間型ロボットは、どうやら本質的に独居性の捕食者らしい〉

アンドロイドには同情心がない、そうリックは考えている。そうでも思わないと、アンドロイドを「廃棄処理」するのが難しいからだ。だが、菜食主義者が同情気質で、肉食生物は冷酷というのは単純すぎる。

突然私ごとだが、二〇一七年三月一五日に、今シーズンの狩猟期間が終わった。鹿ばかり二五頭を仕留め、生涯獲物の通算は一〇〇頭以上になった。経験を積むごとに悲しいかな殺しに慣れていくのがわかる。

それでなくても登山中に死にかけたり、山岳遭難で仲間を失ったりして、生死を諦観する性向がある。生命という大きなうねりは、生まれて死んでを繰り返し、命はお互いを食い合いながら、維持されている。個体の感情はその個体には重要でも生態系全体には関係ない。そう考えないと筋が通らない。

撃ち殺した鹿を見下ろしてかわいそうだなと思いながら同時にこいつはうまそうだと思っている。それ以上の感情移入はあえてしない。そのさきは袋小路だ。感情をシャットアウトできる自分をアンドロイド的だと思うこともある。すくなくとも都市生活を送る平均的な人より狩猟者は生死に関してドライだ。だが、実際に感情が乏しいのだろうか。大型獣を平気で殺す自分がフォークト＝カンプフ感情移入度検査を受けたら、どういう結果が出るのだろう？　もしテストをパスできなかったときに、自分がアンドロイドではないとどうやったら証明できるのか。

「赤い血潮が流れている」なんてのは、ナノテクノロジーで免疫ナノロボットを作って体に流しちゃえという時代には、命の証明になりそうにない。先に紹介した『サピエンス全史』は、未来のクローンやアンドロイドの存在の可能性を示唆していた。人工的な肉体に、もし脳を移植したり、自分の記憶をインストールしたりできたら、それはいったい誰になるのだろう？

リックの定義で言えば、命に対する同情心を持てば、アンドロイドも人間になってしまう。事実、リックはネクサス6型の女性に惹かれ、混乱しながらも、逃亡アンドロイドたちを追いつめていく。

〈電気動物にも生命はある〉とリック。

いま、クローンや幹細胞技術の出現で、命の定義が揺らぎつつある。アンドロイドに命が宿るときには、やはりスリープ機能が必要なのだろうか。もし必要ならば、セーブ画面を電気羊の画像にしておけば、少なくとも最初の疑問だけは解決するのかもしれない。
※西洋文化において眠りへの誘いのために羊を数えることと「羊の夢」は別のことらしいです。

かけがえのないはずの命消費して　うねる世界で我は食うなり

『彼女は一人で歩くのか？』Wシリーズ

森博嗣著（講談社タイガ）

殺して食べる獲物を追いかけるために、獲物の気持ちや行動を考えつづける。その延長で一方的にではあるが、自然と獲物に親しみを感じるようになる。目に映るケモノたちの生き様は少なくとも自分（現代文明人）より清々《すがすが》しい。二億年かけてできあがった化石燃料を、誰の許可を得たのか自分たちの所有物のようにがんがん燃やし、快適さと適度な刺激を求めつつ、安穏と生きて当たり前としている自分がふと情けなくなる。

なのに私は法律上（人間の約束事の中）は、野生環境でたくましく生きる美しいケモノたちを、殺してもよいことになっている。ケモノの意見を聞くことなく、人間が人間にケモノを殺す許可を出すというのはいったいどういうことなのだろう。おそらくケモノたちは「殺さないでほしい」と思っているはずだ。狙われていると気がついたケモノは必死で逃げるので、たぶん間違いないと思う。

そんなことを考えながら、殺して食べ続けてきた。

いまでも、大きな獲物が息絶えていく瞬間を目の当たりにすると、なぜこんなことが許されるのか、そもそも命とはなんなのか、自分とはなんなのか、食べるとはなんなのか考えてしまう。命を「いただく」という言葉が、まず頭に浮かぶ。「食べ物に感謝」である。だが、生態系を見渡しても、食べ物に感謝しているのはどうやら人間だけのようだ。

そもそも現代都市文明人が地球の生態系に含まれているのかどうかというのは検討すべき問題かもしれない。ホモ・サピエンスは地球上の生命体の一種だし、植物や動物を食べて生きている。だが、農耕をおこない、家畜を飼って、自分たちの食べ物を部分的に野生から隔離して、自分の管理下だけで食べ物を賄《まかな》おうとしているようにもみえる。人間は食物連鎖の外に出たいのかもしれない。少なくとも現代都市文明人は野生ではないようだ。野生ではないとなるとなんだろう(イノシシの対になるのはブタである)。

さて、食べ物に感謝の話である。野生の鹿は草に感謝しないし、カマキリもバッタに感謝しない(もしかしてしているのかもしれない)。

植物が光合成で空気中の二酸化炭素を、炭素と酸素に分離して、炭素を有機物として体内に取り込み、動く生き物がそれを食べて体に取り込んで、活動エネルギーにしたり、肉体にしたりしている。ライオンやカマキリなど捕食系の生き物も、被捕食者を通して間接的に植物を取り込んでいる。光合成のエネルギー源は太陽光である。というわけでまとめると、生命体とは結局、有機物を介して太陽エネルギーで動いたり作られたりしている物体ということになる。

そもそも地球上のすべての生き物は、たったひとつの揺れ動くアミノ酸が起源と考えられている。宇宙から落ちてきたのか、原始の海でひとつのアミノ酸が突然動き出したのか、よくわかっていない。ともかく、同時並行的に生命が複数生まれたのではなく、たったひとつ（もしくは一種類？）のアミノ酸からというのがちょっと怖い。いまのところ人類の科学は、生命誕生の瞬間を再現できていないので、もしかして命はたった一回の偶然で生まれたという可能性も少なくない。この広大な宇宙に生命体（というか生態系）が地球だけかもしれないとしたら、それを認識しつつ、なにか考えている人間という存在はなんだろう。むなしくて怖くないだろうか？　少なくとも我々がいて、感じて考えているのだから、最悪ではないのかな。

ともかく、一個のアミノ酸が揺れ動いて生命となり、地球に生態系ができあがっていった。生態系とは有機物の集合体であり、それぞれの有機物は太陽エネルギーを生命エネルギーとして体内にうまく取り込み、程度の差はあれ、何らかの意志を持って存在し、活動する。

生命体を作っている有機物は、酸化したり、紫外線に晒されたりして、どうしても劣化する。そこで生き物は、自己再生や生殖を繰り返して、個体をどんどん更新しながら、種や生態系を維持していくというシステムを作り出した。

生態系内でおこなわれる食べたり食べられたりという食物連鎖は、植物が光合成で取り込んだエネルギーを、有機物を介して、あっちからこっちへ、こっちからあっちへとやりとりする新陳代謝のように感じられる。生態系が大きなひとつの生命体ということである。

生態系が大きな川の流れのようなものであって、私も、私が撃つケモノも、その川を流れる水の一滴だと考えると、殺しに付随する嫌な気持ちをすこしだけはぐらかすことができる。殺した鹿の肉体を私が食べて生きるのは、ちょっとした流れの変化で、二つの水滴がただ混じり合ったに過ぎない。私と鹿の有機物のやりとりに「感謝」という要素は無用になり、同時に殺生にまつわる嫌な感覚も薄まるというわけだ。

命は大切だ、という。ひとつの個体にとって、その個体の命はとても大切だが、地球生態系が作り出してきた生態系存続のシステムは、命を正しく消費してどんどん更新しながら健全な状態を保つというものである。命は大切だが、その大切さとは正しく消費するということであり、少なくともその部分は、命を特別に重いものと考えたがる昨今の世間の風潮には反している。人間が生態系の内なのか外なのかというのがここでも問題になる。少なくとも狩猟者は一時的にかもしれないが生態系に参加しようとしている。自分がほかの命を消費して生きていくなら、自分が消費される番になることも受け入れざるを得ない、というのが正しい覚悟だと私は思う。まったく森博嗣のWシリーズの話にならずに誌面が尽きてしまった。(つづく)

二〇一七・〇七

生態系の向こうに行くか近未来　意志にはかたち嵩重さなし

『彼女は一人で歩くのか?』Wシリーズ

森博嗣著（講談社タイガ）

森博嗣Wシリーズの舞台はどうやら西暦二二〇〇年くらいのようだ。クローンやiPS細胞の延長に位置する医療技術で、自分の細胞から体の一部を作り出し、移植できる時代になっている。肉体的な老化による不全症や癌で（裕福な）人間が死ぬことはない。

もしそんな世界が来ても、「脳を取り替えることはできない」というのが私の個人的な予想である。脳と脊椎の境界線が外科的な限界を作り出すのではないかと思うからだ。切り離した手足や指を、接合して元に戻すことは今でもできるが、切り離された脳や脊椎などの神経細胞の束が再生して繋がるイメージが私にはもてない。なんとか繋げたとして、元のように脳の命令が肉体に行き渡るようになるまで、どのくらいの時間がかかるのか? 健康な神経回路ですら、情報の伝達をスムーズにするために、運動選手は日々、必死でトレーニングをしている。移植した神経を機能させるのに必要な物理的な時間（リハビリ）が、生命体にとって有為な範囲になるのだろうか。

部分クローンの移植が頻繁に行なわれるようになっても、おそらく、脳と脊椎系は交換できないというあたりが、少なくとも外科的には生き物の限界のような気がする。

物語の中では、外科ではなく内科的に脳の細胞を置換していくことで、脳の老化不全を防いでいるようだ（明記はされていない）。脳内にチップを入れて記憶容量を増やしたり、無線通信をしたりすることは可能になっている。

カズオ・イシグロの『わたしを離さないで』は、移植用として育てたクローンが人格を持つという（当たり前の）現象を物語にしている。『風の谷のナウシカ』の漫画版（原作）も最後は似たようなプロットだった。汚れ切った地球を浄化するために腐海が生まれ（生み）、浄化が終わるまでの長い期間、本物の人間は眠りにつく。かわりに汚染世界対応の期間限定仮人間（クローン？）を生み出しておいた。それがナウシカたちである。だが、人格を持つナウシカたち仮人類は、眠りについた人間たちの思惑を外れて、自分たちの世界を構築し、仮人類を生み出した本人類を巨大寝室ごと滅ぼすことを選択する。たとえ自分たちは浄化後のクリーンな世界では生きていけない身体だとしても……。

人格、情感、もしくは情動という色も形も嵩もないものが生命には宿ってしまうというところがキモである。意志、もしくは生命エネルギーと言い換えることもできるかもしれない。生き物は意識をもった物体であり、その動きは予想できない。それら脳がもつランダムさを量子力学と結びつける人もいる。

予測不可能で無限のような生命エネルギーにも、一方では、いろいろな限界がつきまとう。意識が身体から離脱することはないし、我々の暮らす時空間には光速より速いものがない。想像力は無限だというが、我々が思考する脳のシナプスは電気信号である。ならば、思考速度も光速という物理的な制約の内側にある。地球から火星までの距離は光速で約二八〇秒（平均）。今この瞬間、火星の表面を想像したら我々の想像力は光速に勝っている。だがその想像は実態のないまやかしだ。想像したことを二八〇秒以内に隣の人に説明できたとしても、それを実際に検証しようと火星の表面を確認するには、光速で移動したり通信したりしても、結局、二八〇秒以上かかってしまう。

「うつろ」と「現実」の奇妙な相関関係は、風邪を引いて熱が出たときに見る夢に似ている。自分の身体が砂のようにザラザラになったかと思ったら、つるつるになったり、身体がべろんと裏返ったりする怖い夢である。

意識（脳）と物質（身体）の間で、人間は揺れ動いている。そんなことを書いたのが、養老孟司の『唯脳論』だと理解している。かつて人間は地球の生態系に含まれる生き物の一種だったが、意識を知的に発展させることで、その生態系から少しずつ外れていこうとしているようだ。人間社会というシェルターの中で、自分たちの食料を自分たちで管理しようとし、食う食われるという食物連鎖から、できるだけ離れようとしている。火星や宇宙ステーションへの移住ができれば、それはまさに生態系からの離脱である。人間は最終的に生態系から外れることを望んでいるのだろうか。そしてそれはできるのか、できないのか。

私は保守的な人間なので、できないと思っている。

これまで連載でいくどとなく、なぜ、どうやって生命が生まれたのか、人類は解明していないと書いてきた。今でも科学は生命の起源に迫るべく努力しているが、一方で、そんなわからないものは、とりあえずおいておき、命っぽいものを作ってしまおうという活動もある。同じく連載で取り上げた人工知能やマツコロイドである。

もし脳が劣化しない方法があり、クローンやiPS細胞を駆使して、寿命を延ばせるとしたら、先節に書いた「命を正しく消費する」という生態系のあり方に反して、人間は生態系を抜け出せることになる。

地球の生態系と生命史の外側に出て、まったく別の生き物として存在していくというのは、知的生命体のまっとうな欲望なのかもしれない。私は「神」なんてものがあるならそれは「時空間(自然生態系)」だと理解しているが、命を自由にいじれるようになるというのは神を超越することに他ならない。なかなかはじまらないWシリーズの紹介は次節につづく。

二〇一七・〇八

人類をここまで導く好奇心　誰も死なない明日は明日か

『彼女は一人で歩くのか?』Wシリーズ

森博嗣著（講談社タイガ）

我々、現代文明人の諸行をみていると、知的生命体（人間）の大きな目標のひとつは、もしかして、生態系から独立することなのかもしれない、と思えてくる。高層マンションに住み、ハウスで野菜を育て、家畜を（業者が）飼う。ときたま人間がほかの生き物に食べられると大騒ぎする。不自然なまでの長寿をおめでたいと祝っている。目下の目標はｉＰＳ細胞で臓器や肉体を作り出し、不全部位を取り替えることだ。他人の器官を移植すると免疫系の問題が発生するが、自身のクローンなら問題はない。

人間にかぎらず、生き物はみな自己保存欲求がある。その欲求に「死」という引導を渡してきたのが自然環境と命のカラクリである。個体の生存欲と環境のプレッシャーがぶつかり合ってバランスがとれている。ぶつかり合うというところが鍵である。カエルやカマキリは、バッタをなんとか食べてやろうと思ってそっと接近する。危険が近づいていることを悟ったバッタは食われまいと思って跳ぶ。生きたいという思いと、そうさせまいという思い〈生きるのは俺だ〉が、バンバンぶつかり合って飛び散る火花が、おそらく生態系全体を躍動させている。

だが人間は文明を作り出し、自然環境のプレッシャーと命のカラクリのリミッターから自分たちだけを解放しようとしている。

所詮人間も地球の生命体だし、欲はぼちぼちにしておこうよという諦観が、自然保護思想の根幹なのではないかと思う。クローン医療が発展しても、人間の存在とは医療で寿命を延ばすことにあらずという覚悟を持って、自然死を選ぶ保守的な人は結構な数存在するだろう。一方で、もしずっと同じようにこの世に存在を続けられるなら、そうしたいという欲や好奇心を抑えられない人や、当然のように延命を望む人もいるはずだ。現在の病院の待合室を見渡せば、そっちのほうが大多数であることがわかる。川上弘美の『大きな鳥にさらわれないよう』にも、そういう保守派と革新派の穏やかな対立が含まれていた。

自然保護派が予想しているように、現代文明の先にあるのは破滅なのか？　実際に多くのほころびが見えていて、この先、人間様の思うようにはいかないという状況証拠は揃っているようにも感じる。

だが、結論が出たわけではない。もしかして現在は産みの苦しみ、ブレイクスルーの直前なのかもしれないのだ。

西暦二二〇〇年頃の世界を描く森博嗣のWシリーズ。人工生体に人工知能をいれたアンドロイドが当たり前になっており、森博嗣ワールド内では「ウォーカロン」と呼ばれている。三回も使って長々と、Wシリーズの周辺状況に関する考察をおこなってきた。私自身が、Wシリーズに書かれている近未来が来るかもしれないと思っているからである。もっと簡単に言うとその世界に魅せられているからだ。それゆえ現実世界でハードルとなるものごとが気になるのだ。

クローン移植が可能になれば、理論上、人間は不死になる。他の生き物（イモムシ）では寿命を六倍にすることに生命工学は成功している。これを人に施せば生態系から独立した人工生命の誕生だ。

現実的な問題は、脳と脊椎系の老化をどう防ぐか。脳や脊椎を移植できたとしてデータ（記憶や人格？）の受け渡しはどうするのか。もう一歩引いて考えれば、高度な医療を維持するための富はどこから出てくるのか。

現在の文明は、地球が化石燃料として溜め込んでいた太陽エネルギーをどんどん消費することで維持されている。二億年分の「エネルギー貯金」をがんがん引き出して、豪遊しているようなものだ。石油貯金はまだあるが、残高の多くは「掘り出すためには、掘り出した化石燃料から得る以上のエネルギーが必要」という矛盾を含んでいるらしい。引き出し手数料のほうが、引き出し額より多いということである。新しいＡＴＭが必要だ。

Ｗシリーズ前に書かれた二一〇〇年頃の世界を描く百年シリーズ（ふたつの物語は微妙にリンクしている）の中で「エネルギー問題は解決している」という描写がすこしだけある。Ｗシリーズでは、コバルトを使った発電方法がちらっと出てくる。なんにせよ、エネルギーがないと、移植やウォーカロンが当たり前になる世界は維持できない。

命の潔《いさぎよ》さとはかけ離れたｉＰＳ細胞が世界的に評価されてノーベル賞を与えられた。一方で現在、倫理という実体のないフェアネス精神で不自然な命の存在（人権的にどう扱えばいいのか意見のわかれる命）が生まれないようにしている。倫理で科学者の好奇心を抑えようとするのは、これまでさんざん煽っておいて、突然手のひらを返すようなものだ。「人間もやっぱり旧来の生き物のままでいましょうよ」が私の立場だが、一方で科学の最終到達地点が同じ場所だったら、ふざけるな、という気持ちもある。もうここまで来たら、倫理など無視してアンダーグラウンドでどんどん研究を進めていってどうなるのか試してほしい。

私の中で、物語と現実がごっちゃになり、文明に顔をしかめつつ、どこかで科学へ期待している。

クローン移植が進んでも、お金のない人はどうせ移植を受けられないので、従来通り死ぬしかない。保守的な人も移植を拒否し、自然な死を受け入れる。そして世の中には人工生体を移植した見た目が若い裕福な老人ばかりになる。そんな世界をWシリーズは描いている。環境と命、命と命がバンバンぶつかり合う火花はない……はずなのだが。

いよいよ紹介のスタート地点に到着した。だが、言うべきこともなくなった。Wシリーズはまだ五巻。全部で一〇巻以上になるらしい。

二〇一七・〇九

アムンセン隊去ったあとのイヌイット青い目の子をつぎつぎと産む

『最後のヴァイキング　ローアル・アムンセンの生涯』

スティーブン・R・バウン著／小林政子訳（国書刊行会）

健康な成人女性に毎月訪れる生理と同じで、男にも生殖細胞を何らかの形で排出する生理作用がある。長期登山中に溜まった生殖細胞をどう処理しているのか、というのは、登山をしない人にはちょっとした疑問らしい。

登山中はそれどころではない、というのはよい子の建前である。激しい運動を繰り返したり、栄養状態が極端に悪かったりすれば、生殖細胞の分裂も低下するだろうが、登山や探検はそこまでハードではない。短期間で肉体的に激しく追い込むより、長期間（野生環境下で）健康を維持するほうが登山の成功には重要だからだ。標準的なパフォーマンスを日々変わらずに発揮することが登頂と無事下山につながっているのである。

植村直己の記録には自慰行為をする、という記述が何度か出てくる。売り出し中の外道クライマー宮城公博君の報告にも自慰行為が頻繁に登場する。

私は書いたことはない。別段隠すわけではないのだが、チンチンをイジルかどうかなど、登山本筋には関係ない。海外遠征の場合はスポンサーがいるので、登山隊のイメージダウンになるような下世話なことを暴露するのは端的にタブーだった。

実情を述べれば、若い登山者が集まれば、馬鹿話のネタはエッチ系だし、私が参加したヒマラヤ遠征のベースキャンプには「オナテント」というものも存在した。

特別にテントがあるわけではなく、ルート工作をチームが交代で行なう編成上、ベースキャンプに空のテントができあがるので、そのテントを休養中の隊員の個人行為のために使うのである。

南極Z号から慰安婦問題まで、若者の集団の精力をどう処理するのかというのは、いつの時代も管理の難しい問題のようだ。二〇世紀前半にかけて行なわれた極地探検、アムンセンの北西航路初航海でも、それは同じだったらしい。カナダ北部のキング・ウィリアム島に閉じ込められて二冬越冬したアムンセン隊が、海氷が開けて航海を再開したあと、キング・ウィリアム島のイヌイットが目の青い子供を次々に産んだ、というのは極地探検好きが笑い話でよく取り上げるゴシップである。

若者の性欲だけにその責めを負わせてはならない。イヌイットたちが性に関しておおらかであるのは、現在でも、さまざまな報告で見ることができる。他者との交流が閉ざされがちな極地で、少しでも遺伝子の多様性を増すために、旅人に「種」を求めるのは本能的な行為だと分析されている。そんなイヌイットたちと二冬も同じ環境にいて、ラブロマンスが生まれないほうがおかしいというものだ。

だが、公式に残っているアムンセンの探検記『ユア号航海記』には、その部分に関しては煮え切らない微妙な記述しか表れない。

ノルウェーのナンセンとその教え子のアムンセン、英国のスコットとその後輩のシャクルトン。この四人が極地探検時代の四大英雄である。シャクルトンの（大失敗した）探検を描いたノンフィクション『エンデュアランス号漂流』は本の雑誌四〇年の四〇冊にも選ばれている。

彼らの探検は国を挙げた事業だった。だから報告書には、次の探検に影響がないように報告すべきことと報告すべきでないことをちゃんと選んで書いた。だから、一〇〇年後の我々が読み直すと「何かが隠されている」と感じる部分がある。だが、その先は想像するしかない。すくなくとも『最後のヴァイキング』が出るまではそうだった。関係者のほとんどが死去し、利害関係が消滅した今、暴露的な分析本が出るのは必然である。

本書はアムンセンの生涯を追った伝記である。ただアムンセンの資料だけではなく、一隊員の日記や当時の新聞などを丹念に追って、アムンセンの人柄や色恋沙汰にまで迫っている。

越冬中の隊員はやはり、イヌイットの女性とヤッちゃった（と隊員の日記にある）らしい。アムンセンの孫だ、と自称するイヌイットが存在し、DNAを調べた結果、アムンセンと血のつながりはないと判明した。当てたのが隊長ではなく別の隊員だっただけ、と邪推するのは私で、伝記にはそこまで書いていない。

アムンセンの探検記でこれまで日本語になっているのは、『ユア号航海記』と『南極点』。ほかに評伝っぽいものも数点ある。これまでの評伝は南極点到達を争ったスコットとの比較に焦点を当てている。人柄まで迫っているのは本書だけだ。アムンセンはインテリのようなイメージがあるが、実際はガテン系で、社交界が苦手、女性の好みは人妻で年上、結構しつこくつきまとうというストーカーだったようだ。私も年上のお姉さんが好きなので、かなり好感を持った。

本書にはアムンセンの目から見た、ナンセン、スコット、シャクルトン評も多い。ナンセンは噂通り堅物、スコットが南極で採用した前進方法には批判的、スコットと仲が悪かったシャクルトンは陰ながらアムンセンを応援してくれていたらしい。極地探検最盛期の雰囲気が生き生きと伝わってくる。

ナンセンの推薦で、南極点隊に連れて行ったヨハンセンとの軋轢《あつれき》も描かれる。ヨハンセンはナンセンのフラム号での北極探検に参加した英雄である。だが生還後、燃え尽き症候群のようになり、酒に溺れる日々を送っていた。

ナンセンの推薦で南極隊員に加えたが、ヨハンセンは北極の経験を盾にアムンセンと対立する。隊の士気低下を危惧したアムンセンはヨハンセンを南極点到達隊から外し、結局ヨハンセンは失意の帰国後、自殺した。

アムンセンは最期、北極点に向かったイタリア人探検家を助けるため、飛行機で捜索に出て帰らぬ人となった。だがそれは、一般的に言われているような探検家同士の美しい友情物語ではないようだ。

これまで、分厚い探検記を読み込んで、繫がりを発見したり、予想したりしたことが、そのまま答えになって書かれていて、これまでの努力はなんだったのだ、とちょっと悔しいが、入門者にも事情通にも楽しめる力作。よくぞ翻訳してくれました。

二〇一七・一〇

読書感想文書きたくない娘 「本の雑誌」を敵として見る

『マヤの一生』

椋鳩十著（理論社）

「犬を飼いたい」といまでも子どもは親にねだるのだろうか。私は子どもの頃、ことあるごとに母親にねだっていた。「団地じゃ無理でしょ」と毎度同じ答えが返ってきて、「じゃあ、一軒家に引っ越そうよ」と私は本気で食い下がった。

東北の農家出身の母親は、自分が飼っていた犬の思い出を時々話すものの、典型的安保闘争世代だったためか、我慢と団結がクオリティ・オブ・ライフの向上より優先で、犬を飼うために集合住宅を離れるという選択肢は、人生に露程《つゆほど》も含まれていないようだった。

私は同じ境遇の級友と空き地で秘密裏に犬を飼おうと計画した。犬の生態をまったく考えていない子どもの妄想だが、本気だった。子犬を拾うという最初のハードルが思いのほか高く、飼い犬を盗もうという案もあったが、結局、学校の図書館で犬の飼い方や犬の図鑑などを眺めて夢想して終わった。

飼うイメージをしていたのは中型の日本犬だった。あのまなざしの奥にある言葉以前の感情を揺さぶるものはなんだろう。二歳上の兄はそれほど犬に執着はしていなかった。なぜ、私はあれほど犬に惹かれたのか。

ヒトはその社会性を狼から学んだ（のかもしれない）という説をどこかで読んだことがある。猿の社会性を発展させても人間社会にはならないが、猿に狼の社会性を加えると人間社会になる（ようだ）という話だった。実証することはできないが「ピンポンピンポン」と正解を告げる音が私の頭の中で響いていていた。

いま、我が家には犬がいる。考えてみると、私がやっているサバイバル登山とは子どもの頃の探検ゴッコをそのまま拡大した行為なのかもしれない。獲物を追って野宿をしながら荒野を旅する。その子ども時代の妄想のなかで、私の傍らにはいつも忠実で賢い犬がいた。

そんなことを思い出したのは、中一の末娘が、読書感想文なるものに頭を抱えていたからである。娘に「オレ、読書感想文を集めた雑誌で連載しているんだぜ」と言うと、真夏の小中学生全員の敵であるかのように睨まれた。まるで小中学生が読書感想文を書かなくてはならないのは、「本の雑誌」のせいだ、と言わんばかりである。

待ってほしい。昭和四〇年代に生まれた者にとっても、夏休みの読書感想文は悩ましかった。読む本さえ決められず、途方に暮れて、ファーブルを手に取り、ノコギリクワガタなどの獲物ランクが高い昆虫が出てこないのが不満で、シートンに移り、狼王ロボに感動していたら、母親が日本のものも読みなさいと、椋鳩十を買ってきた。

『マヤの一生』を最初に読んだ衝撃は忘れられない。小学生だった私が本を読んで文字通りワナワナ震えたのだ。

『マヤ』の読書感想文は書かなかった。書けなかった。今でも無理だ。説明すると壊してしまうタイプの物語なので「もし読んでいない方がいたら、読んだほうがいい、絶対」と言うくらいしかできない。

あえてサバイバル部分に触れておくと、戦時中、食料が乏しくなったときに、近所の川にハヤやモロコを家族五人で（！）釣りに行き、釣った魚を焼きからした上で、天日干しして、粉にしたものを缶に詰めて保存し、食べていたとある。干川魚の粉を振りかければ、犬（マヤ）も芋の蔓で水増ししたお粥を食べたらしい。

『マヤ』の衝撃以来、犬系の本には自然と手が伸びる。この夏も『その犬の歩むところ』ボストン・テラン（文春文庫）を読んだ。「このミス」で一位になったこともある作家の犬小説である。アメリカ的マッチョが前面に出てきてはばからないことに食傷するが、犬と人の秘密に迫る、きらりと光る表現も多かった。

〈（犬と人間の繋がりを目にしたとき人は）どこまでも心が落ち着き、かぎりなくおだやかで、身のまわりの世界と完璧につながっているように思えることがあった。命という謎めいた実体の共生が実感できる一瞬があった〉

最近、身体能力の限界に挑むような登山から遠ざかり、サバイバル登山も友だちや家族とおこなうようになってしまった。必然的に、ひとりで山に籠ることが少なくなった。

誰かとともに山に入ればその分、制約は増える。たいていはイメージ通り登山が進まず、ストレスが溜まる。独りだったら……と私は心のどこかで思い、同時に、いまさらひとりで登山をスマートにこなしても面白くない、とも考えている。歩き通せばそれなりに満足するラインでも、もはやそこには新鮮さはなく、そんな登山をずっとひとりで続けることをどこかでむなしく感じはじめているようだ。

仲間とともに山に入ればば（ストレスはあるものの）、気軽だし、楽しい。仲間と一緒でなければ出発できないとしたら、それはもはや、私にはひとりで山を歩く能力がないということかもしれない。

だが、ひとり山奥で過ごす時間というのは、だれとも共有できない特別な体験だ。言葉を積み重ねて説明しても、パーティで過ごした経験から想像しても、単独行独特の時空間はわからない。単独行とは、自分で受け止めて、自分の内側にずっと持ち続けていくしかないものである。だからこそその体験は人生のアンカーとなって単独行者を深いところで支えてくれる。

パートナーが犬ならどうなのだろう。しゃべれない相棒とならその経験は自分で背負い込んでいくものになるのだろうか。

犬と一緒に長く山を旅してみたいと思っている。

二〇一七・一一

アラスカ版デルスー、シドニー・ハンチントン　その人生を表す題なし

『熱きアラスカ魂』

シドニー・ハンチントン著／ジム・リアデン編／和田穹男訳（めるくまーる）

そもそもは、狩猟をはじめたばかりの頃、技術書代わりに購入し、面白く読んだ本だった。久しぶりに読みなおそうかと手にとったら、「すげっ」とか「まじ」などとつぶやきながら、最後まで一気に再読していた。罠猟師がその人生を振り返る自伝的ノンフィクション。生きる力にあふれた好漢が、持てる能力を最大限に発揮することで、厳しくも楽しくアラスカで生き抜いていく。二〇世紀の北米近代史から、アラスカインディアンの民族事情、手仕事、伝承、そして自然環境、獲物たちが、インディアンの口述文化よろしく、簡潔かつ要点を損なわずに語られる。ちょっとすごすぎるので、今回は驚異のあらすじ書評で許してほしい。

まず、母親アンナの娘時代の逸話が規格外のレジェンドである。親戚が猟場争いの末に殺人を行ない、その証人として直線距離で五〇〇キロ、旅程一五〇〇キロ先の町ノームに出頭する。一九〇四年のことである。裁判は終わった（被告は正当防衛で無罪放免）が交通機関は雪に閉ざされてしまった。原野育ちのアンナは、春まで町で暮らすことなど我慢できず、徒歩で帰宅を開始する。当時の先住民族はいがみ合っていて、部族外のテリトリーをうろつくのは危険だった。だ

が、アンナは持ち前の人柄と幸運で困難を次々に乗り越え、家に帰り着いた。だが、それは出発からふた冬を越えたほぼ一年あとだった（町で春を待ち、蒸気船を乗り継いだほうが遥かに早かった）。

その旅から九年後、著者は生まれる。弟と妹もつづく。平和なアラスカの森暮らしがつづいていた。著者が四歳の二月、父親とともに犬ぞりで三〇キロ離れた鉱山へ物資の注文を取りに行く。旅の途中で父親は体調が悪くなり動けなくなってしまった。

〈「助けを求めに行けるか？」父が聞いた。

「もちろんだよ、父さん」〉

四歳の息子を見送る父の頬に涙が伝う。ふがいない自分のせいで幼い息子を厳冬の原野に送り出さなくてはならない。そんな自分を責めているのだ。勝ち目の乏しいとんでもない大ばくちだが、それがこの状況では最大の可能性なのだ。

子ども用のスノーシューを履き、四歳の著者は雪を掻き分けて進む。父が死んでしまうという恐怖から休むことを忘れて丸一日。犬ぞりの跡を見つけ、犬の声を聞く。叫ぶと知り合いの金鉱掘りの姿があった。

〈「ひとりでここまで来たのか？」彼はびっくりしている。

「一日じゅう歩いてきたんだ」

彼の目から涙があふれ出た。〉

翌年の夏には、タフネスの塊のようだった母親を不幸が襲う。食中毒による突然死。運悪く父親と兄は仕事で町に出ていた。五歳の著者と、三歳の弟、一歳半の妹が原始の森深くに残された。混乱の中、なんとか間に合わせのものを食べて、眠った。

ふと目が覚めると、黒熊がテントの隙間から妹を、おむつを咥えて引き出そうとしていた。母親の死骸が腐りはじめ、兄弟で外に仮のテントを立てて寝ていたのだ。熊はおむつだけを咥えて去って行った。

そのあと三人で小屋からの脱出を試みるが、結局、黒熊の影に怯えて、深く森に入ることができない。二週間後に川を上下する蒸気船によって、三人は救助される。〈熊であれ他の野生動物であれ、(中略、幼い動物が) 保護を失って途方に暮れているときには、敬意を表してあえて危害を加えようとはしない〉

それは状況によるのだろうが、著者は自分の体験以外にもいくつか事例を知っているという。

やがて、兄弟は森で暮らす青年となっていく。周辺にいるマウンテンマンから、スノーシューやカヌーの造り方を覚え、小屋やボートも作るようになる。大工仕事はまず樹の切り出しと製材からはじまる。

五〇〇メートル先のヘラジカをライフルで撃った年上の相棒が、耳の後ろに当たったという。

「どうしてわかるの?」

「狙ったからさ」

見に行くと、言った通り耳の後ろを撃ち抜いていた。射撃の天才だと著者は驚く。ヘラジカの倒れ方を見た相棒のホラだと気がつくのは、もう少し大きくなってからだ。

かつてインディアンは十字槍でグリズリーを狩った。怒ったグリズリーが攻撃の前に立ち上がるという習性を利用した狩りである。立ち上がったグリズリーの胸に槍を突き刺す。十字槍というところが味噌で、怒り狂った熊は猟師を叩こうとするが、横棒がストッパーになり前進することができない。猟師は槍の後端を地面に突き立て、しっかり押さえて、熊が失血死するのを待つ。

ビーバー狩りでは、ビーバーの巣穴に入り込んで、滑らかに巣穴から引き出す。自信満々でビーバーの両前脚を摑むと、ビーバーはその凶暴な前歯で猟師を傷付けることはないという。いったい誰がどうやってそんな方法を見つけたのだ？

「寒さと闘おうなどとはせず、ただ用心して避けろ」と年寄りがいう。

家族を養うために飢餓の冬に母親を殺《あや》めた過去の話を聞く。

毛皮の上着の毛が抜けてきた状態をインディアンは「貧乏」という。所持金の額は裕福とは関係ない。

〈「みんな頑丈でなければならなかった。だから頭を働かせ、自分を大事にするよう気をつけていたよ」〉

〈森の中で一つ最初のへまをやらかしてしまうと、決まって第二、第三のへまがついてくるものだ〉

全編、狩猟とサバイバルの教本。そこに文明がそれほど力を持たなかった時代にあふれていた人情話が挟み込まれ、読み物としても一級品。唯一と思われる欠点はタイトルがダサいこと。だが私もこの本の魅力を的確に伝えるタイトルを思いつけないでいる。

二〇一七・一二

体験は善も悪もなくそこにある　あの時の我いまどこにいる

『スローターハウス5』

カート・ヴォネガット・ジュニア著／伊藤典夫訳（ハヤカワ文庫ＳＦ）

もし可能なら次の一節は、一回深呼吸して、肩の力を抜いたニュートラルな状態で読んでほしい。リチャード・ブローティガンの『西瓜糖の日々』にある「わたしの名前」の冒頭である。同書を後々読もうと思っていたのに、まだ読んでいないという人は、この先は読まずにすぐにページをめくったほうがいいかもしれない。つまみ食いせずに、楽しみを丸のままとっておくために。

〈わたしの名前

わたしが誰か、あなたは知りたいと思っていることだろう。わたしはきまった名前を持たない人間のひとりだ。あなたがわたしの名前をきめる。あなたの心に浮かぶこと、それがわたしの名前なのだ。

たとえば、ずっと昔に起こったことについて考えていたりする。――誰かがあなたに質問をしたのだけれど、あなたはなんと答えてよいかわからなかった。

それがわたしの名前だ。

そう、もしかしたら、そのときはひどい雨降りだったかもしれない。

それがわたしの名前だ。

あるいは、誰かが……〉

はじめてこの一節に触れた時、わたしは涙が止まらなくなってしまった。理由はよくわからない。おそらく、なにものかになろうとして危険な登山を続けてきた若い頃の自分をそっと肯定されたような気がしたのかもしれない。当時住んでいた借り家の一室で、わたしは静かに泣きつづけた。

なぜ突然こんなことを思い出したかというと、NHKのラジオ番組で高橋源一郎さんと話す機会があったからである。高橋さんがわたしの著書をできるだけ読んで番組に挑むというのを聞いて、私もあわてて高橋さんの著書を読み直した。大学時代にフランス文学科の学生室にあった『さようなら、ギャングたち』。告白すると当時はよくわからなかったのだが、久しぶりに読み直したら天才の傑作だった。読書感がブローティガンやヴォネガットに似ているなあ、と思い出したのが冒頭である。

高橋、ブローティガン、ヴォネガットの中で特にサバイバルな書物といえば、ヴォネガットの『スローターハウス5』だろう。本人が体験した戦争と捕虜生活とドレスデンの大空爆が題材になっている。とはいっても、生き残りをかけた努力は皆無。身辺にあふれる死を「そういうものだ（So it goes）」という言葉で次々に羅列する。

戦争は無駄である。じゃあ、無駄ではないものは？　という話になるといつもの禅問答に陥るのでここでは触れない。近現代の戦争は戦闘ではなく、虐殺に変わった。それが第二次世界大戦以降の戦争が何らかの作品になるときに、少なくとも表面上は反戦を謳うことが求められる理由である。だが、作品の中で描かれるドラマや、作品に触れることで得るカタルシスが、そもそも、戦争という強烈な体験（物質と知恵のすべてを集めて敵を効率的に無力化することをお互いが競いあうこと）を基礎にしているという矛盾を取り払うことはできない。闇が暗いほど光は眩しい。『ダンケルク』も、『プライベート・ライアン』も『プラトーン』も『ディア・ハンター』も『地獄の黙示録』も、そもそも戦争行為があったから生まれたものである。戦争作品を見て我々は魂を揺さぶられる。戦争は嫌だといいながら、その作品は楽しんでいる。だとしたら戦争は、面白い作品を作る要素として意味があるのではないのか？　もし世界中から戦争に触れている作品をすべて消し去ったとしたら、書籍は何割になるのだろう？

〈戦争を助長する責任の一端は、本や映画にある〉とヴォネガットの戦友の奥さんは考え、ヴォネガットがドレスデンで体験したことを本にすべく、旦那と思い出話に来たことに腹を立てる。

この前段からして戦争を描くことが内包する矛盾に意識的であるのがわかる。ヴォネガットが自分の戦争体験を語るためにとった文学的技法は、主人公のビリーが宇宙人にさらわれて、時間を自由に行ったり来たりする能力を持つと設定することだった。

時間旅行というのはそれだけで一つの大きな題材である。時間とは「空間の隔たりを人間的に表現したもの」と看破したのがアインシュタインだと私は理解している。ドラえもんがタイムマシンで行き来するようなパラレルワールド的未来や過去は存在しない。もしドラえもん的に五分前に五分前の世界が存在し、五分前の私がこの原稿の数行前を書いているとしたら……。私という存在はある意味で、そこに永遠に存在することになる。ならば私が死んでも悲しむ必要はない（喜ぶ必要もない）。世界とは連綿とつながっているようにみえて実はパラパラ漫画のように固定された一瞬一瞬の積み重ねである、というのがビリーをさらい、ビリーに時空間を飛び越える能力を与えた宇宙人の物理学である。

ヴォネガット本人であると思われる主人公のビリーは、現代と過去を行ったり来たりする。正直、読んでいてもどかしいので、ヴォネガットの戦争体験をそのまま時系列でならべて欲しくなる。だが、体験したことをあとから思い返して書くというのは、もしかして時間旅行と同じなのかもしれない。自分が生き残るという結果を自分は知っている。そのあと何が起こったのかわかっている自分が、生きるか死ぬかの中にいる過去の自分の気持ちを本質的な意味で描ききれるのか？　ほんのちょっとした違いで死んだたくさんの命を、作品のネタとして誠実に扱えるのか。

たぶん無理である。諸行無常、そういうものだ。

二〇一八・〇一

狩猟とはなにかド直球で問いただす狩りの言葉のSFラブコメ

『明日《あした》の狩りの詞《ことば》の』

石川博品著（星海社）

私は首都圏に暮らし、サラリーマンとして給料をもらいながらも、休日に狩りをしている。その私の狩りはときに、「趣味でしょ?」とやや軽蔑を込めて分類される。蔑《さげす》みのニュアンスに込められた思いは、「給料で買えるお肉を、わざわざ殺しで調達している残酷な野郎」ということだ。

反論はしない。殺しを楽しんでいるのかをイエスかノーかで答えるなら、「イエス」である（顔をしかめて）。おもしろさがまったくないことを続けることは私にはできない。

それでも「趣味でしょ?」には「ノー」と言いたい（ここでも顔をしかめて）。

〈「私たちは生きるために狩りをしています。文明が発達して私たちが食べ物を他の形で得られるようになっても、私たちは狩りを生きるための大事なものだと考えています。」〉

『明日《あした》の狩りの詞《ことば》の』の中で、地球外知的生命体のヘロンが言う。本作はジャンル分けするならSFファンタジーラブコメ狩猟ライトノベルである。「純文学」にはなれそうにないが、狩りの気持ちに関してはド直球を投げ込んでくる。狩りガールの同級生や異星製アンドロイドハウンドドッグとの軽妙なやりとりの合間に、主人公の高校生リョートが猟師の顔をちらりと見せる。〈日本のマタギは仏教の影響で殺生を罪だととらえていた。そのため、仕留めた獲物のために弔いのことばをかけた。他の国の狩人にもきっと命を奪うことに対する罪悪感があったのだと思う。俺には何となくそれがわかる。〉

待ち伏せ中に〈むしろこのまま獲物が来なければいいとさえ思う。静けさを銃声で破るのが惜しい。〉と考え、獲物を手にして〈自分は奪った命に釣りあう存在なのか〉と自問する。

舞台は近未来の東京。ヘロンが意図的に東京湾に落とした小型宇宙船の影響で、都心は地球外生物がはびこる環境に変わり、封鎖されている。ヘロンの社会では大物猟が通過儀礼とされており、ヘロンたちは狩猟獣を増やすために自分たちの星の生き物を宇宙にバラまいているのだ。

リョートは封鎖地区のすぐ横に暮らしている。ヘロンの身勝手な放獣で、生活環境を変えられたものの、ヘロン星のケモノをアンダーグラウンドで狩り、食べている。作中の日本では高校生でも狩猟ができる。人型生物をけっして撃つことができない最新のヘロン式銃があるためだ。他の法律的なシバリは、現在の日本にとても近い。

リョートは、日本の野生環境を破壊したヘロンを憎んでいるが、ヘロンの若者に「猟に同行してほしい」と頼まれて、行動をともにする選択をする。

〈俺は自分の行き方というものをつかみつつあった。命を奪うという取り返しのつかないことに手を染める以上、そうでなければならなかった。〉

ヘロンの社会が価値を置く「狩猟の教育的な内省要素」にリョートもどこかで気がついている。

〈銃という武器は音も反動も派手だが、効力範囲はごく狭い。広い世界に針で通したような細い道を弾丸は飛んでいく。〉

通過儀礼の獲物とされるマダラにリョートの弾は届くのか。

スーパーの精肉コーナーには肉があふれている。それを購入するための給料も私はもらっている。わざわざ苦労して山に狩りに行き、そこで暮らすケモノの命を奪わなくても、肉は簡単に手に入る。非効率なことを楽しみでわざわざやっている。だから趣味なのか。

ちがう。

反論的疑問その一。私はなぜ生きているのだろうと、どんどん考えていくと、いろいろなことがぼろぼろと剝がれ落ち、理由がゼロになる。明日生きるために今日食べて、その結果死んでいない、という状態がつづいているだけである。ということは食べることは生きることそのものともいえないか？

反論的疑問その二。よしんば私の狩猟が趣味だとして「趣味だろ？」という蔑みは、蔑みになっているのか？

基本的に生き物は、食料調達に必要なエネルギー以上のエネルギーを獲得食料から得ないと自己保存ができない。そのため調達効率が求められる。狩猟採集民はできるだけ低い労力で調達できるように努めた。農耕をはじめるようになって人は、注いだ労力をできるだけ効率よく作物に代えることを考えた。その先でずいぶん繁栄した最近の日本は、効率より幸福とはいいつつも、やっぱり経済発展は達成感、優越感、安心感と相性がいいので、効率は依然として「善」である。それゆえ好んで行なう非効率な行為はやっぱり趣味として蔑まれる。

反論的疑問その三。肉はスーパーで買えばいいという意見は、家畜肉と野生肉が同じ肉という前提で議論されている。「You are what you ate.」人はその人が食べたものに他ならない。この英語の言い回しはまっとうである。自分イコール食べたものであるなら、人生の中で「食べる」ほど重要なことはない。

反論的結論。私にとって生きるは食べるであり、生きることに直結する食べ物の調達は、行為としてもっともおもしろく興味深い。食べ物の質、食べ物調達の過程こそ生きる理由とさえ言え、そのまま人生の最重要命題でもある。自分で探して、獲って、捌《さば》いて、食べるのは、趣味などという生やさしいものではなく、生きることそのものの本気なのである。

〈ただ生きるために狩りたかった。〉とリョートは思う。

社会状況的に狩らなければ飢えるような時代ではない。どちらかといえば狩りは贅沢で、非効率かもしれない。でも、だからこそ、生きるために狩りたいのだ。

二〇一八・〇二

天稟《てんぴん》のすべてを出すのが犬の幸せ　リスク見積もる人にわからず

『犬物語』

ジャック・ロンドン著／柴田元幸訳（スイッチ・パブリッシング）

あけましておめでとうございます。今年もよろしくお願いします。と、この原稿を書いているのは二〇一七年一二月上旬、まだ年末すらほど遠い。編集と印刷と製本に時間がかかる関係から原稿が読者の目に触れるまでは、どうしてもタイムラグがある。

年賀状を書かなくなって二〇年近くになる。若い頃、クリスマスから成人の日くらいまで、北アルプスの剱岳周辺に登山に行くのを年中行事にしていたためだ。「おめでとう」と書いた自分が、雪山に埋もれて死んでいるかもしれない。年賀状のタイムラグが作り出すかもしれない間抜けな皮肉の可能性を考えると、ハガキを前にしても、本当にペンが持てなかった。

リスクが見積もられている登山を挟んだ約束というのは、登山者にとってストレスである。約束を果たせないかもしれないからだけでなく、登山を挟んだ約束をすると、その約束が引き金になって、次の登山で越えなくてはならない困難や危険が、頭の中に鮮明にイメージされるからだ。週末を越えた自分をうまく予想できず、未来の自分の影は曖昧にぼやけている。約束が間接的にそれを指摘し、私は気分が悪くなってしまう。そんなに怖くて嫌ならやめればいいのだが、それはそれで別の敗北感が自分を苛《さいな》む。

「来週の件だけど」と友人知人に言われると、私はいつもへらへら笑いながら言葉を濁していた。今でも遠い未来の約束はしたくないし、ふた月以上先のことは考えない。

二〇一八年は戌年だが、私にとっては一七年が犬年だった。一六年に産まれて家にきた犬（ナツ）がほぼ成犬になり、いくつかの山にいっしょに行ったからである。読んだ犬本も多い。犬のしつけ本や、生態本。犬作品に関しては本書でも取り上げた。

一七年の六月にはＮＨＫ　ＢＳの番組で、下田《しただ》川内《かわち》山塊に犬を連れて家族でサバイバル登山に行った。

ＮＨＫはどんな番組でも、放送後、たくさんの意見が寄せられるらしい。家族でサバイバル登山した番組に、「動物虐待である」というクレームが一件だけ来たとディレクターから聞いた。山中で食べたカエルやヘビのことではなく、連れて行ったナツのことを言っているのだと思う。取材初日が雨で寒く、雪解け水で沢が増水していたこともあり、濡れたナツはブルブル震えていた。私自身、ナツが死んでしまうのではないかと心配したので、番組を見た人が、動物虐待に感じたのもある意味では正しかったかもしれない。

狩猟の世界にもクビを突っ込んでいるので、犬の幸福ということに関しては、常々考えている。猟犬は総じて短命である。イノシシの牙で切られ（サクられ）、命を落とすことが多い。ハードに野山を駆け巡り、猟のたびにへとへとになるが、お座敷犬ほどの恵まれた環境で疲れを癒すこともない。

だがそんな猟犬たちは不幸そうに見えない。幸か不幸か彼らから直接聞いたことはないが、少なくとも見ていて格好いい。どんなに困難で、危険でも猟を嫌がることはなく、週末に猟仲間が集まると、早くケモノを追いかけさせろと、興奮して吠えている。

先日「ダーウィンが来た！」のネコ特集で、野良猫の平均寿命は五歳ほどと紹介されていた。飼い猫の寿命の半分以下といったところである。猟犬も似たようなものだ。

ハードな仕事を与えられ、自分の持つ才能を発揮して太く短く生きるのと、座敷犬として平和に長生きするのと、いったいどちらが犬にとって幸せなのだろう。

両取りができるなら、ハードに長く生きられれば満足度は高いのだろう。だがハードに生きたすべての犬が長寿であるということはない。確率はシリアスである。すべての犬が生き残れる過酷な環境というのは存在せず、野生に近ければ、どうしても早死にするものと、運良く生き残るものが存在する。それは人間の登山でも同じだ。

ジャック・ロンドンの犬を巡る作品集『犬物語』に含まれる「ブラウン・ウルフ」は、犬の生き方と幸せに関して明快な答えを出している。本書はロンドンの数多い作品の中でも犬にまつわる物語を集めたものである。座敷犬だったバックが、犬としての生き方に目覚めていく名作、「野生の呼び声」も新訳で併載されている。一七年の新刊本の中で電車を乗り過ごすほど引き込まれたのは、この本だけだった。

ロンドン熱が再燃し、伝記の『馬に乗った水夫』『火を熾す』『世界が若かったころ』を手に取った。日本でジャック・ロンドンといえば犬、狼、アラスカのイメージだが、残された作品は多彩で、中にはＳＦチックなものもあり、『世界が……』にはそんな作品も収録されている。『世界が……』は一七年初頭に発刊されており、一七年はひそかにジャック・ロンドンの年でもあったようだ。

ロンドンの作品には、ロンドンの破天荒で波瀾万丈の四〇年の生涯とその時代が反映されている。人として生まれたからには、冒険と革命と創作に邁進しなければもったいない、という生き方である。現代ほどには社会システムができあがっていなかった世界を力ずくで生きていた命は私の目には輝いて見える。

犬は自分の肉体に備わったすべてを発揮したくてうずうずしている。おそらくそこに深い生命の喜びがあるからだ。もし犬に選ばせれば、リスクがあろうと才能を発揮できるほうを選ぶ（とロンドンは作品で語る）。

もしかしてリスクがあるから選ぶのかもしれない。

さて人間は？

ネタバレの心配がないネタがない　でも面白い文字列の意義

二〇一八・〇三

『光の犬』

松家仁之著（新潮社）

開高健が原稿が書けないことをネタにして原稿を書いていた。開高健だとサマになる。服部文祥ではどうだろう？　その開高健が紹介していた中国のことわざに、「一時間、幸せになりたかったら酒を飲みなさい。三日間、幸せになりたかったら結婚しなさい。八日間、幸せになりたかったら豚を殺して食べなさい。一生、幸せになりたかったら釣りを覚えなさい。」というのがある（バージョンは多数）。

なんの話かというと、この原稿の締め切り前日に一〇〇キロ級のイノシシを仕留めたことである。イノシシの解体が忙しくて原稿が書けない、とちょっと自慢したかったのと、豚を殺しても八日間幸せになるのは難しい、という話だ。

余談になるが、日本全土で一日平均何頭の豚が出荷（食肉処理）されているのかご存知だろうか。ちょっと想像してみてほしい。この数値はなかなか感慨深い。年間屠畜頭数を三六五日で割ると、一日平均四万頭くらいの豚が処理され、トンカツや豚骨ラーメンになっている。もしことわざの通り、一頭の豚を殺して、八日間幸せに過ごせるなら、毎日のべ、三二万人（四万人×八日）が幸せになっていることになる。これは、一億人が一年間で一回は幸せになるという計算だ。いやはや日本が平和で幸せなのは豚さまさまというわけである。

さて、一〇〇キロのイノシシは山から下ろすのに半日。解体精肉に一日。一月の三週目は気温が高かったので、締め切りを待ってもらって、解体精肉作業を急いだ。一部保存加工をし、残ったものを料理して食べようと思ったら、家族五人でも八日ではとても無理である。食べられたとしても、食べて幸せなのは最初だけで、八日間食べ続けるのは脂まみれで苦しいというのが私の実感だ。

実はイノシシを仕留めなくても、一月の執筆計画はギリギリの綱渡りで、本連載で取り上げる本すら決まっていなかった。正月の怠惰を引きずっていたうえに、「岳人」の登山史検証記事のための資料と、読売新聞の読書委員の担当と、純粋に読みたい本が山積みで、「本の雑誌」には手が回らなかった。回らないのに、読むべき資料を放り出して読みふけってしまったのが、ネタになるかどうかわからない『光の犬』である。

複数の場所で書評をチラ見し、北海道の三代記に加えて、犬がらみということを知り、中を確認しないわけにはいかなかった。

読者を惹き付けて放さないようないまどきのカラクリはない。分厚くて読むのが大変そうなのに、読み進めるのがなぜか惜しい。精興社書体のためか、答えを急がない語り口のためか、なんだか、新潮クレスト・ブックスの匂いがする。

紹介してもネタバレの心配はない。ネタがないからである。時系列を無視して、淡々と三代にまたがる人物の物語が、ぶつ切りで語られる。それぞれの章が短編小説のように独立しつつ、深く密接に関わってもいる。劇的な事件はないのに、当人にとっては瞬間瞬間が劇的であり、と同時に、どこにでもある話であり、しかもそれが読んでいて面白い文字列になっている。この物語から離れがたい理由を要約できないという意味で、小説の存在意義そのままともいえる作品だ。

物語の柱になるのは、三代目に当たる姉弟とその姉のボーイフレンドである。前半で、その一人が死の病床にあることが語られる。あえていえば、この死が物語を貫いている。

恋や友情や発露した才能、無駄になった才能と時間など、いわゆる定番の人生要素の裏で、人々が死んでいく（なんと言っても時間軸の幅が一〇〇年である）。飼っている犬も死んでいく。病気事故老衰。生き様の裏で死と死に方が人生に与えるものを考えさせられる。全員が主人公で同時に全員が脇役、それはこの世の成り立ちと同じである。生き物はいつか必ず死ぬ、それもこの世の定めである。

登山を激しくおこなっていた時、死はそれほど遠いものではないと思っていた。狩猟をはじめて、獲物の臨終に立ち会うようになって、自分もいつか必ず死ぬと確認しなおした。そして、獲物の死を繰り返しみるうちに、「死ぬ瞬間」という概念は間違えているのかもしれないと思うようになった。

ある時点で死が訪れるのではなく、我々はある時からゆっくり死に続けているのかもしれない。銃弾に撃たれたケモノは、即死するわけではない。頭を撃たれても、心臓は少しの間動いている。心臓を撃ち抜いても、鹿なら数十メートル走って逃げる。一月一五日に撃ったイノシシは初弾が左後脚に当たったため、かなりの距離を逃げた。もしイノシシがうまく私から逃げおおせたとしても、左足の動脈は破れていたので、生きながらえることはなかったはずだ。五〇〇メートルほど追跡して、トメ矢を打ち込んだが、そうしなくても、あのイノシシは遠からず死んでいた。弾が当たった瞬間に死が決定していたのである。

へ理屈になるが、弾が当たる直前にはもう、死が決定していたと言えるはずだ。弾道と弾速と弾頭の種類と着弾位置が決まれば、結果は決定する。私が引き金を引く瞬間まで時間を遡ったら、不確定要素が増えて、違う結果になっていた可能性も増える。だが本当のところはどうなのだろう。出発時に靴を右足からではなく、左足から履いたら、運命は違ったのだろうか。私はイノシシには出会わず、まったく違う原稿を期限に間に合わせて書いていたのだろうか。

『光の犬』は、登場人物の死を意識させる描写からはじまる。登場人物たちはまるで決まった死に向かって、ゆっくりと近づいていくかのようだ。イノシシの死で分断された読書だったが、久しぶりに物語の心地よい世界に身を委ねることができた（紹介にたる物語で助かった）。

二〇一八・〇四

西部劇のように荒野を旅したい 犬とライフルを相棒にして

『オンブレ』

エルモア・レナード著／村上春樹訳（新潮文庫）

前回は大イノシシのせいだった。そして今月は大ネズミ（ヌートリア）のせいで原稿が進まない。昨年、ロードキル個体をもらって食べたら旨かったので、今シーズンはヌートリアを狩りたいと考えた。やってみたら狩りは面白いし、肉は旨い。猟期は二月一五日まで。最後にもう少し狩りたいと思ったのだが、ちょうど本稿の〆切りとかぶっていた。

前後して読んでいた本は『オンブレ』。村上春樹訳の西部劇ということで手にとるのに躊躇《ちゅうちょ》はなかった。

ヌートリア狩りはちょっと西部劇のようなところがある。

まず、方法論がないというところが西部開拓的だ。罠で駆除することはあっても、銃で撃って、食べる人はほとんどいない。狩りは、生息地域と基本的な生態を調べることからはじまった。中国地方のおだやかな流れ、もしくは止水の水辺に棲息するらしい。西国の猟師に話を聞き、そこで出てきた地名や河川名とヌートリアをキーワードに検索をかけた。

ヌートリアは特定外来生物に指定され、農作物被害が大きく、生態系にも悪影響を与えるとされている。見た目はかわいく、愛嬌もあるが悪役《ヒール》である。超B級西部劇のインディアンに近い。ただそれは、人間側（西部劇なら白人側）の都合である。そもそもはヌートリアは毛皮の原料として飼育していたものを、毛皮の需要がなくなったために放したことで、西日本に広まった。それで有害獣といわれたら、ヌートリアにしてみれば「いったいどーすりゃいいんだよ」と逆ギレしたいところだろう。

私は狩猟登録して、エアライフル（エースハンター）をザックにしのばせ、西に向かって旅立った（馬ではなく新幹線で）。

「流れの緩やかな」という棲息条件から河口付近にいるのだろうとイメージしていたのだが、汽水域はあまり好きではないらしい。私はヌートリアに引き寄せられるように少しずつ中流域へ遡っていった。

そして事前情報通りのかわいい姿を水面や川辺に発見した。気分はガンマンである。だが、猟場は西部の荒野ではない。よく周辺を観察して、銃猟が違法行為にならないかを調べ、公道の外に出てからおもむろに銃カバーを外す。そのときにはもう、ヌートリアはこちらに気がついて逃げはじめている。

そもそも銃器を火薬銃にすべきか、空気銃にすべきか悩んだ。結果的に空気銃にして正解だった。銃猟可能な地域で猟をするのだが、それでも住宅や作業所がぽつぽつあり、合法であっても火薬銃を鳴らすのはちょっと物騒である。空気銃なら銃声が小さいので問題ないものの、威力は火薬銃に比べると格段に弱い。

というよりヌートリアは弾に強かった。急所ではないところに弾が当たっても「痛《いて》！」という感じで飛び跳ねて、さっさと逃げていってしまう。私の空気銃エースハンターは手動ポンプ式なので一発撃つごとに、レバーを操作して空気を圧縮しなくてはならない。これがなかなかの重労働で、そこそこの威力を出すためには、かなりの運動を強いられる。空気を入れたらボルトを開き、テルテル坊主型のペレット弾を震える手で（筋肉疲労）、そっと送り込み、ボルトを締める。この作業は西部劇の定番スプリングフィールド銃のようだ（こじつけ）。

ときには大ネズミが川岸で、採餌中であったり、昼寝していたりすることもある。

そんな時はそっと近づく。残り五〇メートルからしゃがんで歩き、三〇メートルから四つん這いで進み、二〇メートルを切ったら匍匐《ほふく》前進、こんもりとしたヤブを銃座に銃を固定する。目と耳の間が狙える時はそこを、こめかみが見えない時は前脚の筋肉に当たらないように、脇腹を狙う。

急所に着弾しないと、仕留めることはできない。撃たれた大ネズミは、痛みに「ぎーっ」と唸りながら身をそらせ、走り、流れに入る。

ヌートリアの窮地脱出方法は潜水である。一〇分以上潜りながら泳げるため、傷ついていないヌートリアが潜ったら、再度捕捉することは叶わない。ダメージを与えていたら浮上することもある。

群居性草食動物（鹿）は痛みを外に出さない。傷ついていることが知れると肉食獣に狙われるため、できるだけそういうそぶりを見せないように進化したと言われている。雑食のイノシシはギーギーいいながら、でたらめに走り回る。犬は痛いとすぐにキャンと鳴く。ヌートリアの反応も表情があって複雑だ。見ている狩猟者をいろいろな意味で刺激する。

ごく簡単にいえば面白い。そして同時に心が痛い。

さて『オンブレ』だ。それぞれの事情を抱えた六人が、廃線間近の駅馬車に同乗する。西部劇お決まりのハイライト＝最後の決闘にむかって最大限効果的な人物配置とキャラクターが、小憎らしいほど自然に描かれる。まるでよくできた詰め将棋。

タフだったものがヤワだったり、ヤワだったものがタフに成長したり。私は物語に没頭し、味方の中にいる甘ちゃんに心底、腹を立ててしまう。

アパッチ族に連れ去られて救出された少女マクラレンは主要な登場人物の一人。インディアンの好戦的な部族が白人の子どもを連れ去って部族の一員にするというのは、当時よくある事件だった。主人公ジョン・ラッセルにも同じ経歴を匂わせて話が進む。

まだ銃の性能が安定する前で、登場人物がそれぞれ好みの銃を使うのがいい。発射メカニズムの違いが細部を彩りつつ、クライマックスへ。

わたしもいつか西部劇のように荒野を旅してみたい。ジョン・ラッセルのようにタフになりたい。なのに現実はタダのオッサンだ。出発を急がなくてはならない。

二〇一八・〇五

便利安全快適な今日　予定調和でつまらない明日

『ブッチャーズ・クロッシング』

ジョン・ウィリアムズ著／布施由紀子訳（作品社）

西部開拓時代のおもしろい小説が目白押しである。前節の『オンブレ』（一九世紀中盤？）につづき、『ブッチャーズ・クロッシング』は南北戦争（一八六一～六五年）後のアメリカバイソン（バッファロー）狩りの話（一八七〇年頃だろうか？）。『ネバーホーム』はまさに南北戦争。少し前に紹介したジャック・ロンドンはクロンダイクゴールドラッシュの頃なので、二〇世紀になるかならないかだ。

それらの時代のなにが面白いのかといえば、その自由度である。

角幡唯介が新刊『極夜行』の中で〈探検とはシステムの外側の領域に飛びだし、未知なる混沌の中を旅する行為〉であると何度も強調している。システムの外側というところが重要だ。

我々の生活はどんどんシステムが強固になり、安全快適にはなったものの、そのぶん、自由度は減っている。生活は薄っぺらで平坦になり、一九世紀から二〇世紀に人々の前に展開した面白い出来事がなくなってしまった。妖怪もいない、イエティもいない、狐に化かされることもない。山の中にまで、法律やルールや常識が入り込んできて、登山でさえ予定調和的風景を愛《め》でて帰ってくるだけ。なにが起こるかわからないワクワクドキドキはどこにもない。

現代は物語のない時代なのだ。だから小説はシステムの外である西部開拓時代（アメリカ）や戦国時代（日本）に、そして探検家は北極の冬に、物語を求めている。

それらの時代やシステムの外側にある物語とは、自分の裁量で生き抜く自由なる瞬間の機微である。

『ブッチャーズ・クロッシング』の主人公、アンドリューズは、インテリで金持ちのボンボンだが、カレッジを中退し、冒険を求めて西部にやってくる。坊やがなにしにきたと問われ、その想いをぶちまけようとするが、想いはあっても言葉が出てこない。彼は未開拓（とアングロサクソンが思っている）地で、根底的な自由、希望、善、力を感じたいと思っている。冒険好きな若者が求めるものは古今東西変わらないようだ。

乱獲によってバッファローは数を極端に減らしたが、タフな猟師のミラーが、山脈の奥で巨大な群れを見たとアンドリューズに打ち明ける。そこへの狩猟遠征を組めるなら、一昔前のバッファロー狩りを体験したうえに、高値で取引される皮を売ってひと儲けすることができる。猟師の与太話か、本物の冒険か、行ってみなくてはわからない。二人の仲間を加え、装備と食料を牛車に積み、四人の男が出発する。

その先は本書にゆだねる。私は残りのページ数から物語はまだ終わらない（はず！）という小さな安心感にすがりつつ、目的の地には着くのだろうか、バッファローの群れに会えるのか、どんな猟になるのか、そして物語はどう終わるのか、ハラハラドキドキの中に居続けた。次々と訪れる艱難辛苦を機転と経験とタフネスで乗り越えていく猟師ミラーは、まさに凄腕のサバイバー。そのやり口は、アメリカ大陸に乗り込んで、先住民の土地を奪い、アメリカバイソンを激減させ、ゴールドを掘りまくったアメリカ人を凝縮し過ぎていて怖いほどだ。人間はおのれの才覚でここまでやっていいのだろうか？

人類は世界の主ではない、とレヴィ＝ストロースが言ったらしい。朝日新聞「折々のことば」に書いてあった。人類には世界に修復不能な損傷を惹《ひ》き起《おこ》すいかなる権利もない、とつづく。

よく勉強したわけではないので失礼だが、もしこの程度のことを指摘することでエコロジカルなカタルシスを得ていたなら、インテリの方々はノーテンキだ。人類は世界の主ではないが、すべての生物はその個体の主である。すべての生き物が自分が存続し繁殖するために自分勝手に生きている。人類以外の生き物だって、修復不能なほど地球を壊してしまう能力があって、それが自己保存や繁殖に有利なら平然と地球を壊す。鹿は増えすぎて周辺の可食植物を食べ尽くしている。

そもそもレヴィ＝ストロースだって、好奇心を満たすべく、化石燃料をバンバン使って世界中を見てまわり、自宅でもそれなりに豊かな暮らしをしていたはずだ。文明批判には、それを根底で支えているのが文明だという矛盾がある。

だから問題は、人類が世界を壊すことではなく、その力を得てしまったことにある。

人類はケダモノではない。教育によって本能に勝る理性（知恵）を手に入れ、地球を今後よりよく維持できる、と考える人がいる。私は狩猟を通して、人間と他の生き物との境界線を失ったので、人だけが特別賢いという意見（希望）には与《くみ》しない。

まったく逆に、人間は世界を壊す権利がある、と考える人もいる。マグロもウナギも全部食っちゃえ、何が悪いんだ、という考えは、とても醜いが、否定するのは難しい。そもそも、人類の英知（と我々が呼んでいるもの）は実のところ宇宙のエントロピーを拡大させる方向（生命を終わらせて混沌を生む方向）に働いているのかもしれない。そもそも生命とは、時間をかけて浅知恵の働く生き物へと進化し、世界をめちゃくちゃにするために生まれたものかもしれないのだ。

西部開拓時代はまさにそのど真ん中。文明と野蛮がタッグを組んだ時代のむちゃくちゃ加減は面白い。少なくともシステムでがんじがらめの我々の生活よりは物語にあふれている。

最強のコマンチ族文明と戦って最後の族長数奇な運命

『史上最強のインディアン コマンチ族の興亡』

S・C・グウィン著／森夏樹訳（青土社）

二〇一八・〇六

一四九二年コロンブスのアメリカ大陸「発見」は人類史ではなく、西洋史だと指摘するのは、ヨーロッパ人の傲慢な世界観を皮肉る古典である。この延長線上にある北米大陸の西部開拓史でも、北米先住民は突然やって来たヨーロッパ人に自分たちの土地を強奪されたうえに殺戮された人々として語られる。純朴で平和を愛するインディアンの土地を、白人が奪ってアメリカはできあがったというわけだ。確かにその悪行の多くは真実だが、インディアンたちもただ黙ってやられていたわけではない。血の通った本当のインディアンのありさまを教えてくれ、その上、アメリカ大陸に上陸した白人たちのあまり表面に出てこないみっともない姿もさらけ出す痛快な歴史ノンフィクションは、本書で数回にわたって紹介してきた西部劇を深く理解するにはもってこいだ。

コマンチ族は、日本ではあまりなじみがないが、カイオワ、シャイアン、アパッチと並ぶか、それ以上に好戦的だった部族である。季節になると掠奪《りゃくだつ》の旅に出て、近隣の部族から食べ物や女子どもをさらってくる。戦闘で倒した相手の戦士の頭の皮を剝ぎ、なんらかの遺恨がある相手ならば性器を切り取って死体の口に突っ込んだ。成人女性は輪姦《りんかん》して殺すか奴隷にする。目についた子どもはさらって自分たちの部族にする。彼らにとって東海岸に上陸した白人も、近隣の部族も違いはなかった。

それらはキリスト教徒の目には、信じられない野蛮に映ったわけだが、よく考えると順番が違う。そういう文化を白人が「野蛮」と名付けたのだ。私が日頃おこなっている狩猟だって、鹿の視点で見れば、棲家に突然侵入してきて鉄砲で仲間を撃ち殺し、妊婦の腹を割いて胎児を食べたり、頭を割って脳味噌を食べたりする、目を覆いたくなる野蛮の極みである。

もちろん友好的な先住民の部族もいて、白人と条約を取り交わしたりする。だが、部族が違えば国が違うのと同じなので、先住民としたはずの約束は別の部族にすぐ破られる。白人は先住民の実態を理解せず、十把一絡げにしているので条約反故《ほご》と受け取り、あげく、自分たちの都合のいいように、先住民を騙していく。

入植当初はヨーロッパからの移住者にとって、アメリカ大陸の中央部は完全未開の厳しい自然環境で、自由に歩き回ることができなかった。そこには先住民側の圧倒的なアドバンテージがあった。白人は先住民の本拠地であるキャンプを攻撃できないので、インディアンが気まぐれに掠奪しにくるのを防御するしかなかったからだ

さて、コマンチ族と西部開拓史に迫る本書の柱になっているのが、シンシア・アン・パーカーとその息子クアナ・パーカーという母子二代の生涯である。白人入植者のパーカー家に生まれたシンシア・アンは九歳のときにコマンチ族の襲撃で連れ去られ、コマンチ族に育てられ、最終的

には族長の妻となりクアナを産む。

犬を拾うように人間を連れてきて、仲間にしてしまうというのは、インディアンの文化である。だが、拉致は被害者側の感情を刺激する。それは当時の北米大陸でも同じだった。だがシンシア・アンの際立った特徴はコマンチ族の生活になじみ、そっちを選んでしまったことにあった。白人との接触で何度か白人世界に戻る機会を得ながらも、白人の定住生活はチンケだ、と言わんばかりに荒野の生活を選んだシンシア・アンは当時の白人社会にとって、見過ごせない存在だった。

ヨーロッパからの移民は続々と海を渡り、白人世界はマンパワーを急増させていく。ジャレド・ダイアモンド先生が指摘するように天然痘やコレラが先住民に大きなダメージを与える。コルトがリボルバーを開発し、白人側の武力的な優位が増す。白人側にもインディアンばりの野戦の達人が台頭し、コマンチ族と敵対する部族を仲間に引き入れ、コマンチ族を追いつめはじめる。ついには、シンシア・アンは政府軍に保護された。だが、まだ一〇歳だった息子のクアナ・パーカーは辛くも逃げ延びる。

白人同士の内戦（南北戦争）で先住民に息をつく時間的猶予が生まれ、少年だったクアナが青年へと成長した。これがコマンチ族にとっては、最後の抵抗の地盤を固める好機となった。だが連絡情報網を持たない先住民は白人側の混乱を最大限に生かすことができず、バッファロー狩りが間接的兵糧攻めとして奨励され数千万というバッファローが殺される。先住民の食料であり生活物資でもありアイデンティティでもあった動物が荒野から姿を消した。

追いつめられたコマンチ族はクアナをリーダーにまとまって、インディアン討伐に出たアメリカ政府軍を翻弄し、最後の抵抗を見せる。もっとも白人を悩ませたインディアンの族長が、白人と先住民のハーフだったというのは、白人側にとっても先住民側にとっても皮肉であり、クアナの数奇な運命と人柄と後年の人生（彼は生き残ってアメリカで一番有名なインディアンとなる）が、物語を支える大黒柱にもなっている。

二〇〇年に及ぶ西部開拓史の基礎が頭に入っていないと理解しにくいところもある。関ヶ原前後の歴史をまったく知らずに『真田太平記』を読むのと似ているのだろうか。年表が欲しいと思っていたら下巻の最後にまとめられていた。本書に出てくる性悪な白人入植者をイメージするとき、前アメリカ大統領、西洋カルタさんを思い浮かべるとドンピシャだと思う。

二〇一八・〇七

戦慄の光景それは風景でなく 情景である色即是空

『孤島の祈り』

イザベル・オティシエ著／橘明美訳（集英社）

倦怠期に入りはじめそうな予感にせかされて、パリに暮らす若い夫婦が世界一周の旅に出る。移動手段はヨット。愛を育みつつ地球をゆっくり半周し、パタゴニアを越えたところで、生態系保全のために立ち入り禁止になっている無人島のことを思い出した。

その孤島に内緒で上陸、火口湖が氷結した絶景を堪能して下山をはじめるが、暴風雨につかまってしまう。なんとか海辺に下りてきて、上陸用のボートで、ヨットに戻ろうとするも波が高くてままならない。なんとか一旦岸に戻り、一世紀以上前の捕鯨基地（廃屋）で夜を明かす。翌朝、嵐の去った海辺に出て見ると、錨を下ろして停泊しておいたヨットがきれいさっぱりなくなっていた。

自然を相手に活動していると、目の前に展開するとんでもない風景を受け入れられずに混乱する自分を、冷静に観察する瞬間がある。頭の奥から血の逆流するような音が聞こえてくるのは、錯乱ではなく、最後のチャンスを失わないように最大限集中して思考しているためだろう。

生命線の船を波にさらわれるというのは、極地系探検の古典的アクシデントである。かのナンセンがフラム号探検で北極からの帰路、カヌーを満ち潮にさらわれて回収のために氷が浮かぶ海を泳いでいる。角幡唯介も極夜用の食料デポ行中に、潮の干満にカヌーをさらわれ、同じく氷塊が浮かぶ海を泳いだ。このときはドライスーツを着ていたのに、あわてていたため前のチャックを閉め忘れ、生殖器の先端を凍傷で失う寸前まで追いつめられている。シャクルトンが南極沖で本船を潰されて逃げ帰った生還劇も有名だ。

私は若い頃、心のどこかで、自分の命や人生というものが、二重三重に保護されていると感じていた。大正生まれの伯母は、女学生として東京大空襲を体験していた。判断を誤る、不運が重なるなどで、自分という存在が消えてしまう状況の中に自分の身体をそのまま露出した体験があったのである。

登山をはじめた理由のひとつが、自分も本物のすごい風景の中に生身の身体で入り込んでみたいと思ったからだった。

若いときに参加したK２の登山中に、はるか上部にある懸垂氷河が大崩壊したことがある。山肌にぶつかった氷塊が砕け散ってモクモクと煙のように膨らみながら、斜面を舐めるようにこっちに向かってくるその光景は、いまでも脳裏に焼き付いたすごい情景のひとつだ。目に見えている崩壊と耳に聞こえる音はずれていて、膨張する氷の煙は怒り狂った巨大な白いイモムシの大集団という感じだった。少なめに見積もっても幅が数百メートルある氷雪崩はどんどん迫ってきて、もはやその影響下から自分たちが逃れることができないのは明白だった。

「雪崩、雪崩」とか「やばい、でかい」とかいう隊員の声が無線を飛び交っていた。私は前後していた隊員と一緒に、近くの巨岩の陰によたよたと向かった。ザックを放り出して走るべきだったのかもしれないが、その程度で事態が好転するスケールではなかった。

パラパラと氷の粒が降り始めた頃に岩陰に着き、背中を岩にペッタリ付けるようにして、次の衝撃を待った。岩ごと潰されるのか、はたまた雪崩に飲まれるのか。

「あーツイてないなあ。これで死ぬんだなあ」と思いながら私はちょっとわくわくして笑っていた。

だが、いつまでたっても衝撃は来なかった。氷の粉でできたクリーム色の霧があたり一帯を包むばかりで、衝撃波も雪崩もなく、われわれはお互いの安否を無線で確認したあと、「びっくりして損した」という感じで登山活動を再開した。

さて、嵐にヨットをさらわれ、無防備で孤島に取り残された夫婦はサバイバルを開始する。夫は背が高く二枚目で行動派だがボンボン。妻は小柄な慎重派でぱっとしないものの岩登りを趣味とするクライマー。意見がぶつかることもあれば、お互いの存在に支えられることもある。妻の目に夫は、野生で生きていくには軽薄で能天気に映るが、少なくとも筋力は自分より勝っている。夫の目に妻は、慎重すぎてチャンスを逸しているように映るが、粘り強く冷静なところもある。

クライミングはパーティを組んで登ることが多い。だがパーティを組んだからといって、一＋一＝二よろしく、力量が倍になって難しいところを登れるというわけではない。現実はもっとずっとシビアで、つたないメンバーの力量がそのパーティの限界になってしまう。一＋一＝〇・九とか〇・八になってしまい、ひとりで登った方がよかったかもと思うことも多い。そうならないような登攀システムの工夫がいろいろあり、それを駆使することで、もし一＋一＝一・一以上になれば、ひとりでは出せない以上の力を出せたことになり、パーティを組む価値は充分にある。

　夫婦というパーティ形態は、絶対にひとりではできない繁殖が、その成立根拠のひとつだと思う。状況が繁殖している場合ではなく、生き残りを目指さなくてはならないときに、その夫婦というシステムは機能するのか。

　二人が見ている風景の「緊急ではないけれどまったなし感」はなかなかの迫力である。探検や冒険が好きではない人は、わざわざリスクを負ってまで、すごい風景に身を置きたいという気持ちがわからないかもしれない。本当に忘れられない風景というのは、単なるきれいな風景ではないのだ。

二〇一八・〇八

入れ子式の夢を見ている夢を見る自ら死を待つ番になるとき

『休戦』

プリーモ・レーヴィ著／竹山博央訳（岩波文庫）

読売新聞の読書委員会に名を連ねている。鬼ごっこなどのゲームに対等に参加できない年下の仲間を「ミソッカス」と子どもの頃に呼んでいた。読書委員会での私の立ち場もそれに近い。『プリーモ・レーヴィ　失われた声の残響』という新刊がその委員会で検討本として回覧されていて、初めてそのイタリア人の作家兼化学者を知った。イタリア国籍のユダヤ人、レーヴィは第二次世界大戦中にパルチザンを経て、ドイツ軍に投降し、そのままアウシュヴィッツに送られ、紆余曲折の末、帰国した。

イタリア人でロシアからの帰還といえば、マーリオ・リゴーニ・ステルンが頭に浮かぶ。イタリア本国では教科書にも載っているという『雪の中の軍曹』である。ステルン爺さんを知ったのもいいオヤジになってからだ。知り合いの編集者がアルプスをフィールドに狩猟をした体験を作品に残している作家がいると教えてくれた。

〈一発の銃声。広がる翼、縮まる四肢。そのあとは無。〉とステルンは獲物が銃弾に倒れた瞬間を描く。そして続ける。〈いや、無ではない。一方には、獲物そのものばかりか、生前のそいつにまつわるすべてを——自由、太陽、時空、嵐を——奪う人間が存在する。そこで得たものは（中略）彼の力となってくれることだろう。（中略）年老いて、今度は自らが死を待つ番になったときに。〉

どちらかというと仏教的世界観を持つ日本の狩猟者は、獲物を日常的に殺している自分たちが、いい死に方はしないと考え、自虐的にそんなことを口にする（私もそう思っていた）。だがステルンは、自ら殺《あや》める者は自分が死を迎えるにあたって殺めた命に救われる、というのだ。天啓とも言えるその世界観で、ステルンは私を救ってくれた恩人である。

というわけでレーヴィにも「救い」のような匂いを感じて、遅まきながら帰還報告『休戦』を手にとった。アウシュヴィッツ体験を書いたデビュー作の『アウシュヴィッツは終わらない　あるイタリア人生存者の考察』から順当に読むべきだったと気がついたのは、かなり読み進めたあとのことである。

一九四五年の一月、ロシア兵によってアウシュヴィッツは解放されたものの、戦争の混乱は収まらず、ガス室を生き残った仲間たちが、こんどは病に倒れて行く。レーヴィはソ連の領内を転々と輸送される日々をなんとか生き延びる。

イタリア人が集められたスターリエ・ダローギの収容施設に着き、バカンスのような日々が始まるあたりから、愉快なようで重低音の迫力がにじむサバイバル生活がはじまる。

ポルチーニに似たキノコを料理して、少量だけみんなに食べさせ、毒ではないことを確かめる。

ロシア兵を前線から東に運んでいた車両は、次第に馬車に変わり、そのうち馬だけが輸送手段になる。軍馬からロバまでいろいろな種類の馬が街道を抜けて行き、解体の心得のあるイタリア人残留者は年老いた馬や弱った馬を、森に連れ込んで屠《ほふ》りはじめた。

〈それはばかげた豊かさの時期だった。馬の肉が全員に、無制限に、ただで割り当てられた。(中略) それがなければ、私たちアウシュヴィッツの生き残りは、もっとずっと後まで体力を回復できなかったことだろう。〉

飢えが終わるとより深い飢えが明るみに出るとレーヴィは書く。それは帰郷の渇望ではない。故郷は物理的に遠すぎるので危急の欲望ではなくなり、もっと身近な、人間的な交流や労働、変化のある生活が望みとして噴出する。イタリア人収容施設での生活は休息としては完璧だったが、完全な無為が重荷だった。劇団ができ、楽団ができる。そしてある者は人生や冒険を見つけるために収容所を出て、徒歩で故郷を目指した。その多くが数週間かけてまた収容所に戻ってきた。収容所から出て行くのは自由なのに、国境は鉄のように閉ざされていたからである。

ドイツ軍に付いてきてソ連の領内に残されたドイツ人女性は破壊されたトーチカで娼婦として生きていた。アウシュヴィッツで働いていたイタリア人少女 (ドイツ軍による強制労働者) とは、戦争が終わって立ち場が逆転した。この春までは生き残るために尊厳を捨て少女にパンを恵んでもらっていた。その少女がいまはダメ男の庇護でなんとか生き残り、妊娠していた。

突然、帰郷の列車が来ることが告げられる。

〈出発が確実になった時、自分自身も驚いたのだが、その果てしない土地、私たちを救うことになった戦争を見た野原や森、人手が入らない原初の地平線、そして活力にあふれ人生を愛してい

る人たちが、心の中に入り込み、居着いて、長く留まるだろうことに気づいた。〉

レーヴィはロシアの大地と、環境が過酷ゆえにおおらかに暮らす人々に癒されていたのだ。アウシュヴィッツに同時に送られた仲間は六五〇人。そのうちイタリアに向かう列車に乗ったのは三人。単純計算で生還率〇・四六パーセント。

帰国後何ヶ月も、地面を見つめながら歩く習慣は続いた。食べられる物やパンに変わる金目の物を探すためである。夜は奇妙な入れ子式の夢を見る。

レーヴィは家族と食卓についている。だが食事を前に座っている自分はそれが夢の中の世界だということを知っていて、朝を告げるアウシュヴィッツの号令（「起床！」）によって、夢が破られるのをビクビクと恐れ続けている、という夢である。

二〇一八・〇九

年老いた少年レバーアクションを手にアメリカ南部文学を読む

『ねじれた文字、ねじれた路』

トム・フランクリン著／伏見威蕃訳（ハヤカワ・ミステリ文庫）

いかに獲物に接近するか。そして接近した獲物をいかに撃ち抜くか。銃猟をおこなう上での二大命題といっていい。血抜きや運搬、解体など、時間や労力のかかることは他にもあるが、それらのやり方はほぼ決まっている。仕留めた獲物は逃げないので、じっくり考えながら、休み休みやることもできる。

接近と破壊は常に流動していて、同じ状況は二度とない。実践と現場でしかわからないことに満ちている。とくに気配、呼吸、予感などのいわゆる勘所は説明できない。おそらく言語というアイテムでは表現できないのではないかと思う。現場に行き、いくつかの偶然的成功体験を次の成功体験に結びつけながら、肌で感じ、体全体で学び、自分なりのやり方を深めていくしかない。賢いとされている人たちが「人は言葉で考える」とか「言語を生み出して人は思考するようになった」などと言ったり書いたりしている。私も狩猟を始める前は深く考えずにそうだと思っていた。

一方、狩猟を教えてくれた年寄りたちは、どうやら映像でものを記憶し、映像でものを考えているようだった。現場では、ああだったこうだった、こうなったらああしろ、ああなったらこうしろ、と身振りを交えて雄弁に語るのに、村の猟師小屋に戻ると飲んで笑っているだけ（バカなのかもしれない）。

過去の出来事や経験は、多くの人が画像や映像、匂いや感触で記憶しているのではないかと思う。

本当に人は言葉で考えるのか？　言葉は人が思うほど万能な思考道具ではないのかもしれない、と首をひねっていたところに「私は映像で考える」という作家に出会った。森博嗣である。言われてみれば私も、映像で考え、言葉に変換して、固定するというのが、思考のイメージに近い。

年寄りたちが話してくれる猟の体験談は面白かった。ローカルな地名と周辺の状況以外は、すべて指示語か擬音語で話される。

「オレが栗の木のタツで待ってたら、うしろからドドドドって、そのでかいのがこう走って来て、あわてて、ドカンとブッたら、どこに当たったのか、よろよろって……」といった感じである。

普遍性はないが、予備知識があれば、そこには学ぶべきものがあふれていた。自分ができる経験には時間かつ物理的な限界がある。もし、猟場の空気感とケモノの気配と射撃の呼吸が、年寄りのバカ話同様、文字化されていたら、それは狩猟上達の鍵になる。私は言説空間にそれらの描写がないか探しつづけた。

読んだだけでサッカーがうまくなったり、絵が上手になったりする本などないように、狩猟の画期的な虎の巻にも、私はまだ出会えていない。もしかして文字表現とは永遠に核心に触れられないもどかしさがその魅力なのかもしれない。

ただ、重要な空気感は描けなくても、狩猟や獲物にまつわる悲喜こもごもをうまく文字に変換し、固定している作品はいくつかあった。それらを集めて『狩猟文学マスターピース』というアンソロジーを編んだこともある。

その後も目を光らせて狩猟文学の傑作を探していたら、知人がトム・フランクリンの『密猟者たち』を教えてくれた。「序」にフランクリンとアメリカ南部の関わりが書かれている。フランクリンがアメリカ南部でも深南部で育ったというだけの話だが、その一帯は、男であるということはタフであるということだ、と強要される地域らしい。物語や空想が好きなフランクリン青年は、そのことを悟られないように、狩猟が好きなふりをして、あげく散弾銃でなんとか鹿を仕留める。だが殺しに動転してしまい、うまく血抜きや腸《わたぬ》抜きができない。そこに厳格な父親が現れて……。もし、狩猟文学アンソロジーの第二弾があるなら、収めるべき一編だ。

アメリカ南部というのはそれだけで一つの文学ジャンルをなす魅力があるようだ。本書でもいくつか取り上げた西部開拓ばなしやインディアン話も南部文学といっていい。マーク・トウェイン、フォークナー、カポーティも南部文学。

フランクリンにとっても作品はアメリカ南部という文学的鉱脈を掘り下げる行為のようだ。そこで掘り当てた大鉱脈が長編『ねじれた文字、ねじれた路』である。

著者の分身と思われる不器用でうだつの上がらない本好きの白人の少年ラリー。もう一人の主人公は貧乏だが運動神経抜群で人気者の黒人少年サイラス。表立っては仲良くできない肌の色の違う二人の少年は森の奥で友情を育んでいく。二二口径による狩猟、釣り、小さな冒険、頑固オヤジ、暴力、人種差別、異性への目覚め……お決まりのセピア色の世界が展開する。

あか抜けないラリーは、華やかな不良少女に惹かれてしまう。幼いゆえに残虐性をはらんだ美少女は少年の純粋な恋心をもてあそんで利用する。

サイラスはベースボールで南部のすさんだ小さな街を出ていくチャンスに恵まれる。だが、肩を痛めて野球は挫折、二五年後、兵役を終えて保安官見習いとして街に戻った。そこでかつての親友ラリーは、ある事件の疑惑をかけられて村八分になっていた。そして、別の事件が起こり二人の間にあった別の秘密が姿を現しはじめる。

『密猟者たち』の「序」に衝撃を受け、何となく手に取ったフランクリンの代表作とも言える長編は、狩猟ともサバイバルとも直接関係ないものだが、心が震えるアメリカ南部文学の傑作だった。

二〇一八・一〇

アラスカの森で独り脱化石燃料試すオッサン魂

『独りだけのウィルダーネス　アラスカ・森の生活』

リチャード・プローンネク著／サム・キース編／吉川竣二訳（創元ライブラリ）

〈ここへ来ることが自分の成すべきことだと確信して、私はここへ来た。単なる夢にとどめておかず、実際にやってきた。自分を試すために来たのだ。〉

五〇歳を過ぎたオッサンとは思えない、魂の独白である。

アラスカの森の奥深くに入り込み、そこで一六ヶ月過ごす。それだけ。探検や登山的な要素は少なく、食料や手紙は二週間に一回くらいの割合で、遠くの町からブッシュパイロットの友人が運んできてくれる。ちょっとした厭世をはらむものの、思想はとくに高尚ではない。どちらかといえば、ガテン系ならなんでも来いのマッチョ型アメリカ人が、日頃、自宅の庭でやっていることを、実際の荒野で腕試し、という感じだ。

ワナ猟師の小屋を当面の根城にして、まずは自分の小屋を建てる。木材は現地調達。先シーズンにこの隠遁《いんとん》場所に訪れたときに切り出し済みだ。軍隊にいた時は、ディーゼル技師で重機の運転から修理までやっていたが、このオッサン、リチャードはここではチェーンソーなどのエンジン類は使わない。とことん自分の肉体で大自然と向かい合う。

〈私は装備を整理したり、食料品を棚に並べたりで忙しく時間を潰した。独り暮らしをする人間には整理整頓が不可欠だ。何がどこにあるか常に頭に入っていて、次に何をすべきかもよくわかっていることが大切なのだ。そうすれば日常の雑事をこなすうえで楽だし、秩序だった行動をとるのが小さな喜びにさえなる。〉

　この「小さな喜び」が自力生活の鍵だ。面倒くさくて、苦しくて、やりたくないことをやらないで放っておくと、そこから負のスパイラルが始まって、いつの間にか、にっちもさっちもいかない致命的な状態に陥っていることがある。強固な意志を維持するのは難しい。小さな喜びをちりばめることは、負のスパイラルへ陥らない最も効果的な防波堤なのだ。たとえば、毎度の食事はうまいものを食べる。まずいものでは食べるのが嫌になってしまい、気がつけばやせこけて体力が落ちているということになりかねない。

　料理には時間をかけ、道具類は常に整備し、刃物も研ぎ上げる。このオッサンは荒野で生き抜く方法を心得ている。そして、生活報告にちりばめられる自己規律や世界観が男前。つぶやきを集めれば野外活動心得ができあがる。

〈最初にしっかりした計画を立てておけば、おかしな間違いをする可能性がぐんと減るし、途中でもっといいアイデアが浮かんだらどんどん取り入れてよりよい仕上がりにもっていくこともできる。〉

〈(カヌーに乗って運搬中) 来る時にはあれほど手こずった風が、帰りには却《かえ》ってありがたい。風も火も、人間を助けもすれば殺しもする。すべて時と場所によりけりだ。〉

〈今日見かけた動物たちのことを考えた。私には彼らを全部殺すことだってできたはずだ。もうすぐやってくる猟期のことを考えた。猟期になればここにやってくる、見かけた動物はすべて狩りたて殺さずにはいられない連中のことを考えた。〉

三ヶ月かけて小さくて頑丈で住み心地のよい小屋ができあがり、いよいよ、猟師小屋から引っ越してくる。猟期が始まり、小型飛行機でやって来た街のハンター達が周辺で殺戮を開始した。ハンターが放棄した獲物の残骸から、リチャードは可食部分を回収する。

〈私は肉を選り分け、高い木の枝にぶら下げた。（中略）そして、夕食用にバラ肉を料理した。味わいのあるいい肉だった。それもそのはずだろう。あの羊たちは長い間山々を駆けまわっていたのだから。〉

結局、リチャードが自分で狩ったのは猟期最後に一頭だけ。

〈首と前脚二本、それにアバラの部分が一回目の荷物だ。湖岸まで休まずいっきに歩き抜いた。歩調を変えないことが肝心なのだ。一度休むと、立ち上がって再び歩き出すのがもっと辛くなる。一歩ずつ確実に足を運んで、気がついた時には目的地に着いているというふうに歩くのだ。〉

〈充実した一日だった。肉探しも終った。見事な雄羊をあんなふうに殺すのは気が進まなかったが、私の手にかかるよりもっとひどい死に方をする可能性だってあったんだと考えることにした。〉

〈肉の保存に適した時期に動物を獲った者は、それを表に吊るして凍るにまかせる。カチンカチンになった肉をノコギリで切っては使い、切っては使い、なくなるまでそのままにしておく。〉

そして猟期が終わる。

〈午後、ハンティング業者が去っていった。板を打ち付けるハンマーの音が聞こえ、ドアには太い鎖をかけて南京錠をおろしていったようだ。昔の罠猟師や金鉱探しは自分の小屋に錠をおろすなどということは決してしなかった。食糧と寝場所を求めて通りかかった者が利用できるように、彼らの小屋はいつでも開放してあった。〉

違う場所で違う時に、瀕死の状態で小屋の前を通りかかる者になるのは自分かもしれないからだ。

やがて実父が体調をくずしたと便りが来て、リチャードは故郷のミシガン州に帰らなくてはならなくなる。ブッシュパイロットの友人はいう。

〈あの病みきった国に一度戻ってみりゃ、このウィルダーネスの素晴らしさがもっとよくわかるってもんだ〉

リチャードはアラスカをあとにする。小屋に錠をおろすことはなく。

二〇一八・一一

アンディに地位を奪われ家畜と堕すデジタル未来をアナログで読む

『ホモ・デウス　テクノロジーとサピエンスの未来』

ユヴァル・ノア・ハラリ著／柴田裕之訳（河出書房新社）

一七年（下巻）、一六年（上巻）と年越しを挟み二年連続で腰抜かしボンのタイトル（服部杯）を獲得した『サピエンス全史』の著者の新作である。巷では早くも話題を集めているようだ。

我々人類（サピエンス）は、自らを霊類の長と称して、地球上で、最強、最賢、最栄の生命体であると主張してはばからない。地球環境を自分の都合のいいようにいじりまわし、誰に断ることなく化石燃料を使いまくり、野生動物も殺して食って絶滅させ、かわりに家畜をたくさん飼育して、それをまた殺しまくっている。土地もエネルギーも他種の命もすべて人間の思うがまま、他の動物たちは人間より知能が明らかに低いからそれでいいのだ、というわけ。

ところが、最近ではAＩが生まれて、一番賢いという称号が奪われかけている。クローンや幹細胞の研究で、遺伝子劣化の限界を越えられるかもしれない。もしAＩとクローンが合わさって、サピエンスより賢くて強い存在（ホモ・デウス？）が生まれたら、我々サピエンスはブタと同じ地位に落ちることになる。だって賢くて強い存在が、それより知能が劣る種を自分の都合が良いように扱っていいというルールを決めたのは我々なのだから。

しばしば本書で、人類は生態系から抜け出そうとしているように見える、と私は書いてきた。角幡唯介は、探検とは脱システムだ、と連呼する。生＋死＝命とか、個々の生命は生態系の一要素に過ぎないとか、これまで私がいろいろまくしたててきたことを、本書はわかりやすくかつおもしろく解説する。

説得力を保ちながらも簡潔に書かれているため、それをさらに短くまとめて紹介するのは至難の業だ。まず七万年前にホモ・サピエンスに認知革命が起こった（これが前著の中核をなす主張）。物語を共有することでホモ・サピエンスは仲間と密接に協力する能力を得て、一気に最強の生物（集団）に躍り出た。そこに農業革命（一万二〇〇〇年前）が加わり、都市や軍隊というものが生まれていく。さらに文字や貨幣が生まれ（五〇〇〇年前）、個人のデータ処理能力の制約から解放され、ヒエラルキーの強化、分業の精鋭化、相互協力の拡大などが進む。

ここから人類は覇権争いの戦争と、病気と飢餓という問題と共に生きていくことになるが、実のところ二一世紀に入って、戦争も病気も飢餓も人類の存続を揺るがすような大問題ではなくなりつつある。

近代以降、人間はヒューマニズムという人間至上主義を掲げ、個々の人間の命と人類の存続、人類の幸福こそが自分たちの存在目的であるかのように振る舞ってきた。それは現在進行形でもある。だがおそらく、ライオンはライオンでライオニズムを、ナメクジはナメクジでナメクジズムを信奉している。みんな根本のところでは遺伝子の命ずるままに、自己存続と自己複製を望み、自分さえ良ければいいと思っている。ただ、個々の生命体にその思いを押し通す力がないだけだ。

命は生態系の一要素としてささやかに存在し、自然環境のプレッシャーに潰されて死んで行く。唯一人類は文明を作り出し、自然環境のプレッシャーを押し返す力を得たかに見える。それがこの先どうなろうとしているのか。

生物学的に、人間と他のケモノをよーく観察してみると、そこには人間が思っているような決定的な違いはない。実は生き物はすべてアルゴリズムである（これが本書の主題）。人間のアルゴリズムが他の動物に比べていくらか複雑な分、知能（と名付けている営み）が高いだけだ。

一〇年ほど前ならこんなことが書いてある本は、えらいこっちゃ、と前のめりになって没頭した。だが最近は、この手の話にはゆったり構えるようになってしまった。どうやらクローンも幹細胞も脳内のデータ化も、私が生きているうちに庶民が活用できるレベルで実用化はしそうにないからである。本心を言えば、私の幹細胞から両膝の関節を培養して移植し、来年の区内対抗駅伝で快走したい（ドーピング？）。おそらく、すぐに別のところに不具合が出るだろうから、最初からクローンを作って脳内にあるデータをコピーした方が話は早い。だが待てよ、クローンに私をコピーする瞬間に膝が痛いオリジナルの私を殺さなければ、私が二人になってしまうのか？そもそも脳内のデータを移せるなら、自分のボディを選ぶ必要はないかもしれない。となると、その私の記憶を持つ他人は「私」なのか？　この禅問答は、よくよく考えると、生物が生殖活動でやっていることと同じでは？　私は私でありながら過去の誰かであり、未来の誰かではないのかな？

これは自己問題という哲学の有名な命題だ。『ホモ・デウス』は哲学や禅問答の迷宮には入らない。まどろっこしいから、有機的な存在であることをやめてしまった方がいいかもしれない、と考察する。データが果てしなく演算を続け、人は自分で判断をしなくなる。仕事もなくなる。芸術的創造もＡＩの方が上。スポーツの競技なんか、リアルに身体能力を競い合わなくても、遺伝子のデータと練習メニューを比べっこすれば、勝敗がわかる。

となると、釣りと飲み会と生殖活動くらいしかやることがなくなってしまうが、寿命が延びる（もしくは有機物であることをやめる）なら繁殖する必要はないし、娯楽的な刺激は直接電気信号を脳に送ってしまえばいい。

なんとも味気ない世界だ……と思うのは、我々が旧人類だからで、そこはバラ色の楽園かもしれない。そう考察している自分は気がつけば、読書という古典的娯楽にどっぷりと身を委ねているところが本書のすごいところである。

二〇一八・一二

死にたくはないけどいつか死ぬいいえゆっくり死んで戻る生前？

『「死」とは何か　イェール大学で23年連続の人気講義』

シェリー・ケーガン著／柴田裕之訳（文響社）

積み上がっているサイエンスノンフィクションを、ふと見ると翻訳者が同じだった。『動物の賢さがわかるほど人間は賢いのか』『サピエンス全史』、前節取り上げた『ホモ・デウス』『生存する意識』、そして『「死」とは何か』。

これらの本に共通するのは「意識とは＝存在とは」という私の興味である。直接的には獲物への興味から、動物の意識、人間の感覚、自分のありようと触手が広がって、このような読書の系譜ができあがる。

「死」ということに関しては、けっこう長く考えてきた。若い頃、そこそこリスクの高い登山をしていたので、近い将来、自分に死が訪れる可能性を意識せずにはいられなかったからだ。

「（山で）死んではダメ」というセリフを、ときどき年寄りから言われて、密かに（もしくはあからさまに）反感を覚えていた。登山関係の知り合いにも、平然とそういうことを言う馬鹿（失礼！）がいて、そんなとき私は心の中で「おまえは山ヤじゃない」とつぶやいていた。

登山者だろうが、ハイカーだろうが、山で死ぬといろいろなことが結構めんどうである。人が一人いなくなれば、関係者にとっては世界がすこしうつろになったような感じがする（寂しい）。だから、知り合いの登山者には遭難死しないで欲しいという気持ちは私にもある。

だが、一般的に思われている死の「悪性」を後ろ盾にして、「死んではダメだ」ともっともらしい忠告をするのは単なる思考停止である。

本書も一般的に考えられている「死は悪いことだ」という固定観念をひとつひとつ検証していく。

死というのは単体では存在し得ない。死ぬには生きているという前提が必要だ。武士道などで言及される「死に様」というのは、おそらくこの辺りのことを突き詰めようとしている気がする。善い生き様の先に善い死に様がある。リスクの高い登山をやらずにはいられない登山者も似たようなことを感じているのではないかと思う。

そんな登山者に向かって「死んだらダメ」と口にするほとんどの人は、あんまり善い生き様をしているようには見えない。目が濁っていて、「死」とは何かを深くは考えていない。そんな人に人生のアドバイスは受けたくないし、山で死んだ仲間を否定されるいわれはない。

自分が食べる肉（動物）を自分が殺すようになって、はたと思ったのが、撃たれた獲物はいつ死ぬのか、ということだった。急所ではないところに銃弾を受けた獲物は銃傷の具合によって、そこそこの距離を逃げていく。見た目は生きているのだが、身体の一部が壊された瞬間から死に向かって急速に落下しており、近未来の死から逃れることはない。

爬虫類や両生類などは、頭を落としても、心臓も手足もかなりの時間動いている。解体中に動かれるとつい「まだ生きてるな」などとつぶやいてしまうが、頭を落とされたカエルやヘビがふたたび生きている状態に戻ることはない。手負いの鹿と同じで、死につつある時間が長いだけだ。

ところで私はどうなのだろうか。アラフィフになって身体能力の低下を意識することが多くなり、自分が身体的に最高の状態に二度と戻らないという事実を突きつけられている。若い頃はどんどん生命力がアップしていて、死から遠ざかっているような気がしたが、今は死に向かってゆっくり落ちていっているような気がする。その状態は転げ落ちる坂道の傾斜が違うだけで、銃弾を受けてゆっくり死んでいる鹿と同じではないのか。

「最後の最後には死ねばいい」と一年ほど前に次男が言った。次男は高校を中退し、家で自分の能力を磨いている。と書くと服部家も荒《すさ》んでいるな、ザマミロと思われるかもしれないが、本人はいたって健全で、高校の学業は自分には不要、必要なことを自分でちゃんとやる、と前向きだ。

妻は平均的な学歴や世間体を気にして、高等学校卒業程度認定試験を受けろとか、大学に行けとか言っていた。私もやんわり同じことを勧めたこともある。そんなとき次男は「何をやっても上手く行かなかったら」と前置きをして、「死ねばいい」と言ったのだ。自分の子どもが生まれると、死生観がちょっと変わる。死ぬかもしれない登山を楽しんできたのに、自分の子どもにそんなことをされたらたまらない。だからといって「死んではダメ」と言ったら、嫌いな年寄りと同じになってしまう。

ちなみに私の親は、自殺したかったらしてもいいけど方法は断食じゃなきゃダメ、と言っていた。これはなかなかの提案で、私も子どもたちに同じことを言っている。

死ねばいい、という次男に対してうまい言葉が繋げないでいると、「死んでも生まれる前に戻るのと同じだ」とさらに検証の難しい問題が加えられた。高校中退のくせに理屈っぽい。もしくは理屈っぽいから中退したのか？

生まれる前も、死んだあとも、同じように本人は存在しない。だがそれを同じと言っていいのだろうか。この件に関しては本書の元になったイェール大学の授業でもかなり詳しく検証している。

講義の基本コンセプトは哲学的に死と向き合うことで、充実した人生のきっかけを得ようというものだ。そのために死の絶対悪とされる部分と正面から向き合っている。

ところで人生とはやっぱり充実しているほうが善《よ》いのだろうか。

二〇一九・〇一

水垢離息止め鍛える代謝免疫いま健康は辛く厳しい

『サバイバルボディー　人類の失われた身体能力を取り戻す』

スコット・カーニー著／小林由香利訳（白水社）

健康の三本柱は適度な食事、運動、睡眠。これは誰もが知るところである。最近、そこにもう一本、重要な柱が加わりつつある。

適度な外的刺激だ。

子どもは風の子元気な子という言い回しが、四〇年前にあった。我々の世代は「子どもは外で遊びなさい」とホウキで掃き出され、真冬も半袖短パンで戸外を走り回っていた。寒風に適度に晒されることで、免疫が上がることを人は暮らしの知恵として知っていたのである。

筋肉や心肺機能を維持強化しようと思ったら、身体に負荷を与え刺激しなくてはならない。哺乳類の身体はおおむねそのようにできている。我々ホモ・サピエンスも、ほんの三〇〇〇年くらい前までの数十万年間、厳しい環境の中でなんとか生きてきたため、自分が暮らす状況に身体を適応させ、さまざまな環境に応じた身体になるよう、外的刺激に反応して筋肉や心肺機能が強化（時には劣化）するように進化している。しかも、ホモ・サピエンスは特に適応能力が高いようだ。多くの生き物が生息環境を選ぶ中、人間は、熱帯から寒帯、低地から高地、砂漠からジャングルまで全地球的にはびこっている。

そのすばらしい適応能力が、近年、現代文明のおかげで鳴りを潜めている。安定した住居の中で、身体をほとんど使わずに生きていけるようになったので、人間は環境に合わせて自分の身体能力を発揮する必要がなくなったのである。

だが問題もある。数十万年間、過酷な生活に晒されてきた我々の身体は、快適で満腹の状態が生存繁殖に有利だと思い込むようになっている。しかもその思い込みは「気持ちいい、もっともっと」という快感で発露するので、意志で抗《あらが》うことが難しい。

文明が起こるまで、おそらく「自然」という概念はなかった。同じく「健康」という概念もなかった。厳しい環境で生きるために、みんな健康でなければならなかったからだ。

現代でも、多くの人が漠然と健康でありたいと思っている。その裏で同時に、長い間、厳しい環境に調教され続けてきた我々の本能は、飽食と怠惰という不健康なものを求めている。健康なほうがいいのはわかっているのに、生存欲求が快楽(不健康)を求めてしまうのだ。健康とはガラガラ声の大臣が言うほど単純ではない。遺伝子と意識と無意識と環境と進化と文明がごちゃごちゃになったものなのだ。

普通に暮らしている人間が浸かったら十数分で意識を失う零度の水風呂に、本書の主人公ヴィム・ホフは一時間以上浸かっていられるという。北極圏の雪の上をほとんど裸でジョギングし、同じく裸でキリマンジャロ(五八九五メートル)に登頂する。さらには意志で体温を上げ下げし、免疫機能を高めることができると主張する。しかもそれはトレーニングで誰にでもできるようになるという。

著者は、まやかしや魔術を毛嫌いし、似非《えせ》サイエンスを糾弾する書を著してきたジャーナリスト。ホフの戯《ざ》れ言《ごと》を暴くため、その合宿に参加した。そして逆にホフメソッドの効果を強く体感して、信奉者になってしまった。

ホフは自分が獲得した能力を、テレビカメラの前で実演し、医学検証も受けている。氷水に長時間浸かったり、毒素を抜いた大腸菌を身体に入れたりという実験で、現代の常識では特殊に見える能力を実際に身につけていることを証明した。

誰もが持つ能力であることをホフは強調する。だが、ホフの方法で本当に免疫が上がり、寒さに対して強くなるのか、医学や科学は明言できていない。まだホフメソッドの体験者が多くないので、トレーニングで本当に発揮できるものか、一部の人間の特異体質なのか、わからないのだ。

そのメソッドとは簡単にいえば、呼吸法で自律神経系にアクセスし、適度な冷水浴で身体に褐色脂肪細胞を作り出すというもの。「子どもは風の子」でもわかるように、人は適度な外的刺激で強くなれることを知っていた。登山や極地探検の耐寒訓練、高所順応、ヨガの瞑想、水垢離《みずごり》などなど、本来アクセスしにくい代謝系の強化のために、人がこれまで理屈抜きで実践してきた鍛錬は古今東西にあふれており、それはホフのメソッドと重なる部分が多い。筋力心肺トレーニングと同様、自律神経系の能力を上げるためにもそれなりの負荷が必要だという理屈は単純明快。厳しい環境で人は健康だったのだから、健康になるためには厳しい環境に適度に晒されればいい。

ここで問題は、またふりだしに戻る。実際に人はどこまで健康である必要があるのか？　という命題だ。というのも、ホフが提唱する外的刺激のひとつである冷水浴は冷たい。息を止めることで自律神経系へのアクセス回路を作る呼吸法は苦しい。筋力などなくても、多少腹に脂が付いていようと現代なら人は充分生きていける。免疫が減退しても病院に行けばいい。わざわざ辛い思いをする必要はない。それで生きていると思えるなら……。

あとは個人の好みである。私は健康ならば死んでもいいというタイプなので、読了後、ホフに影響され、毎朝、呼吸を三分止めるようになった。冷水浴は全身アイシングとして近年、好んでやってきたが、さらに回数を増した。

棋士の羽生善治九段が「結果が伴うか分からないのに努力を続ける情熱こそが才能だ」といっている（要約）。だとすると、健康も今の時代は才能ということになる。幸福の根底が健康であるなら、現代人の幸福は、カウチポテトではなく、厳しく辛いトレーニングの先にある。というわけで、Tシャツ短パンでジョギングに行ってきます。

二〇一九・〇二

唯一無二の人生映す発想はそのまま人格避けて進めず

『ＮＯＲＴＨ 北へ

アパラチアン・トレイルを踏破して見つけた僕の道』

スコット・ジュレク著／栗木さつき訳（ＮＨＫ出版）

伝統あるエンデュアランスランやトレールラン、長時間走などで数々の優勝や新記録達成を成し遂げてきた伝説のウルトラマラソン・ランナー、スコット・ジュレクが、四〇歳で人生の節目を意識させられる。簡単にいえば、レースで勝てなくなり、次の試合に向けての準備に情熱が湧いてこない。

レジェンド・ランナーという以外にもジュレクは、親地球的なライフスタイルを講演してまわるスピーカーであり、理学療法士であり、スポーツのコーチであり、菜食主義のシェフでもある。その上、著した本がベストセラーになっている成功者かつ人格者。一番にゴールに飛び込んでも、後続のランナーがゴールするのを長時間応援しながら迎える姿は有名だ。

なんかちょっとねたましくて、レースに勝てなくなっていく姿くらい「ザマーミロ」と思いたいところだが、本人がその行き詰まった状況と気持ちを隠さずに自己分析しているので、好感度は増すばかり。

若い頃は体力の限界など感じない。トレーニングすれば身体は強くなり、疲れたり、痛いところがあったりしても、朝起きたときにはそのことさえ忘れている。できることがどんどん増えていき、右肩上がりの人生に限界が来ることを想像すらしない。

だが四〇歳前後で、身体的に自分がもう向上しないとうっすら感じ始める。新しくできることが増えず、現状を維持することで手一杯になっている自分に気づくのだ。

現状を維持できれば、その時点で到達しているレベルは継続できる。やっている活動は大変だし、やりがいはあり、それなりに楽しくもある。だが、何かが足りない。

新しい刺激がないのである。新鮮な刺激があれば懸けられる命も、想定内のことをこなすためには懸けられない。だから、冒険者や登山者は少しずつ、自分の限界の活動から後退していく。

以上は私の経験談である。おそらく同じ状況にあったジュレクには、ある天啓が舞い降りた。全長三五〇〇キロのアパラチアン・トレイルの最速走破記録に挑戦するというものである。ほとんど歩いたことがないアパラチアン・トレイルを、事前調査せず、記録達成には不利な北上で挑むことにした。それも突然。

なぜ山に登るのか、とは、国を問わず時代を問わず、山登りをしない人から登山者に向けられて来た質問である。質問の真意は「死ぬ危険が高まるような行為をなぜわざわざするのか」だと私は捉えている。エベレストの初登頂を目指したマロリーの「そこに山があるから」という回答が有名だ。

私もときどき同じような質問を受ける。自分で自分にその問いをぶつけることもあった。なぜ登るのか。

ジュレクは持ち前の体力、経験、人格、人脈、意志を駆使して、最速記録に向かってアパラチアン・トレイルを北上する。毎日約八〇キロの山道を四八日間、走り続ける。ロケーションとしては奥秩父の縦走に近いのだろうか。日本で普通に縦走登山をする場合は荷物を持って一日二〇キロ前後移動する。ジュレクは荷物を持たずにその四倍移動する。

なぜそんな辛いことをするのか。そしてそれは実際にどのような経験だったのか。行動面、心理面、サポート隊、トレイル状況、ラン愛好家の反応などなど、本書は挑戦を興味深く報告し、読むものをハラハラさせ、息が詰まり、時にホロリともさせる。

だが、私にとって、もっともインパクトがあったのは、角幡唯介の解説である。自然相手に活動するのが好きな人は、立ち読みでもいいからこの解説は読んだ方がいい。今この時に世の中に提示された思想として価値が高いと唸らずにいられない。人がなぜ登るのかについてトドメを刺すような鋭い見解を述べているからだ。

冒険者や登山者などが、行動せずにいられないのは「思いついちゃったからだ」というのである。

思いつき（発想、目論見）とは、偶然のようで実は、その登山者が生きて来た時代とそれまでの経験を反映した唯一無二の必然だと角幡は看破する。ジュレクにとってアパラチアン・トレイルの最速走破に挑もうと思ったのは、レジェンド・ランナーとしての経歴と、アメリカ人という国籍、もろもろの縁、四〇歳というタイミングなど、すべてが重なり混じり合った必定の結果だというのだ。となれば、もはや発想そのものが、その人が生きて来た人生を反映した、世界にただひとつの「個人的な使命」なのである。人生の道程で必然的に現れた発想は、それに挑まずに無視して過ごすことはできない。それでは自分で自分を否定することになってしまう。

かつて、なぜ登るのかと聞かれた私は「あるラインが登れるかなと考えて、登るイメージが何となく繋がると、実際に身体で証明しないと、逃げていると自分を責めてしまう」と説明していた。とくに冬のサバイバル登山は、狩猟に入れ込んでいたときに、「鹿を食料に山に登る」という発想を突然得て、寒くて辛いことがわかっているのに、やらずに済ますことができずに実行した止《や》むに止まれぬ感が非常に強い登山だった。おそらくマロリーも角幡説を聞いていたら「登山計画は人格そのものだ」と答えたはずだ。

走り続けるジュレクも「なぜだ」と悩み、自分なりの答えにたどり着く。それは、いましている行為が自分という人間なのだ、という説法のような境地だった。それは、角幡のいう「発想＝人格」説に他ならない。

二〇一九・〇三

“ただ生きる”ために殺す必然性　開拓時代の老猟師手記

『ヒグマとの戦い　ある老狩人の手記』

西村武重著（山渓新書）

昨年（二〇一八年）の正月は、書評原稿の〆切の直前に一〇〇キロ級のイノシシを仕留めたため、解体のために少し〆切を延ばしてもらった。つい先日のことのようだ。昔から人は「月日が経つのを早く感じる」といろいろな言い回しで言い続けてきた。だがそれが、良いことなのか悪いことなのかは、あまり言及していない。

月日を短く感じるのは、長く感じるより、幸せなのだろうか。

月日が経つのが早いなと振り返る時、私は「怖い」と感じている。ふと気がついたときには、死が目前まで迫っているのではないか、と思うのである。

死ぬのは怖い。だが、なぜ怖いのかは明確にはわからない（だから怖いのかもしれない）。若い頃は、死よりも、自分が持っている可能性を試さずにだらだらと生きる方が怖いと思っていた。冒険を志す若者の典型的な思考パターンだと思う。

いまはその若い頃の世界観を疑わざるを得なくなった。身体能力的に可能性を試すことができなくなりつつあるからである。おそらく老いの第一弾なのだろう。可能性と向き合うことができなくなったのに私は生きている。それは若いときに怖れていた状況ではないのか。
年老いても精神的には向上するので、可能性と向き合えるという考え方もある。だが、私は否定的だ。精神力も思考力も、体力と同期する。そうでなければ頭脳スポーツの勝者が年寄りでなければおかしい。

年寄りがダメだというのではない。勢いだけの若者より、総合力の高いベテランの方が良い結果を出すことは多い。ただ、もはや自分の可能性とは向き合えないのだ。

若かった私にとって、生きるとは向上することだった。いま、向上しないのは、死につつあるということである。

ここまで考えていつも、なぜ生きる、という禅問答に入り込み、わからなくなる。だが、考えたところで答えはなさそうなので、保留する。私の人生において登りの部分は終わり、ゆっくり下りに入っている。だが、まだ山頂付近にはいるはずだ。周辺の景色を楽しみながらゆっくり下ればいいではないか。身体的には向上しなくても、獲物は常に変化する。だから少なくとも出猟しているときや、釣り竿を振っているときは、わくわくすることができる。

それでも、若い鹿を仕留めたりすると、また、同じ堂々巡りに入り込んでしまう。ゆっくり死んでいる私が、生命体として向上中の個体を殺して、食べる資格があるのだろうか、と考えてしまうのだ。私の狩りには究極的には必然性がない。

今年も〆切の前に出猟して、若い鹿を二つ仕留めた。鹿の解体はイノシシと違ってそれほど労力がかからないので、〆切を遅らせてもらう必要はなかった。

狩猟に関する本はほとんど読んだつもりだった。猟をはじめたばかりの頃、獲物に出会うということがどういうことなのかわからずに、言説空間にその答えを探していたからである。ノーマークだった本を骨格標本仲間から紹介された。著者の西村武重さんは、明治二五年香川県生まれ。幼い頃に北海道の道東に移住し、登山と狩猟をしながら、北海道の調査や開拓に奔走した。

この手の手記は当たり外れが多い。西村さんは本物だ。生涯で仕留めた三十数頭のヒグマから、面白い物語を選んで語る。

ヒグマといえば現在は、人間側が対応を間違えなければ事故は起きないおとなしい生き物、とされている。実際にヒグマの事故はほとんど聞かない（東北のツキノワグマは最近事故が目立つ）。だが、明治末期から昭和初期の道東開拓時代は、まずヒグマの数が現在とは比べ物にならないくらい多く、なかにはかなり獰猛《どうもう》な個体もいたようだ。牛や馬をつぎつぎに襲う個体を、威力の弱い散弾銃や村田銃で慎重に追いかける。

アイデアル弾という聞いたことのない弾が頼りである。散弾銃で撃つ一粒《いちりゅう》弾らしい。現在使うスラッグ弾（一粒弾）は弾頭の周囲に斜めの切り込みを入れて、空気抵抗によりドリル状の回転をさせ、ジャイロ効果を生み、弾道を安定させている。アイデアル弾は筒状で、真ん中の穴に斜めの羽根をつけて、ドリル状の回転を生んでいたようだ。

生涯で四五〇頭以上のヒグマを仕留めたというアイヌの長老の話がおもしろい。ヒグマの足跡を見つけたら、犬を放し、馬に乗って追いかける。ヒグマは短い距離なら速く走るが、長い距離は苦手なので、五、六キロ追いかければ、疲れて立ち往生する。それを撃ち止めるのだ。

キタキツネも同じで、馬で追いかけて疲れたところを木の棒で叩くだけ。新雪が良い加減に積もった日は、一日に一〇匹以上を獲れたという。

出てくるヒグマもいちいちでかい。三〇〇キロ級が平均的で、四〇〇キロクラスもいる。春は馬が使えないので、穴から出たばかりの足跡を見つけたら、村でいちばん足の強い若者が犬と一緒に追いかける。どんどん追うので、汗をかいたら服を脱ぎ捨てて進む。仲間が衣服や荷物を回収しながらゆっくりあとを追う。追跡は一日で終わらない場合もある。追跡役を交代する場合もある。

撃ち獲ったら、今度は犬の顔に血を塗りたくって、村に返す。血をつけた犬を見た村人は今度はその犬に案内を頼んで、総出で引き出しを手伝いに行く。

イヨマンテなどで精神世界ばかりが強調されるアイヌの素の姿が見えるようだ。未開の地でただ生きる人生がうらやましい。現代は安心で快適だが、面白くなくなってしまったようだ。生きるために殺す必然性があった最後の時代である。

二〇一九・〇四

末端の物資生活人員が映す敗戦　兵の惨状

『日本軍兵士――アジア・太平洋戦争の現実』

吉田裕著（中公新書）

「月刊みすず」というみすず書房の月刊機関誌が、一・二月号合併号として毎年「読者アンケート特集」をしている。みすず書房ゆかりの著者たち（一四〇人）が、前年興味を覚えた本を五冊挙げて、簡単に紹介するという企画である。私もその末席に加えていただいている。文字通り末席で、私以外は皆、知識階層とお見受けする。学歴や学術的な知識は足もとにも及ばず、目次に自分の名前が並んでいるのを見ると「場違いだろ」と誰かに怒られるのではないか……というか私が怒り出したくなる。

私は現役、一浪と二年間で一四の大学を受験して、東京都立大学（祝大学名復活）一校しか合格しなかった。都立大学より偏差値が低いとされる私立大学もすべて不合格だったので、都立大学の合格はなんらかの採点ミスだと確信している。

浪人時代の一年間、S台予備学校で、のちに有名な国立大学に入学していく同年代の若者と机を並べて勉強した。私自身も優秀な大学に入りたいという強い願望を持っていたのだが、模擬試験の点数は自分の野望にまったく追いつかず、一方、同じ教室で勉強しているライバルたちは良い成績を取っていた。

当時のS台予備学校は左前から成績順に着席することになっていた。窓側の前の方に座っている連中は、東大もしくは京大への入学が約束されているようでまぶしかった。必修模試のたびに席順が変わり、私はすこしずつ右側のうしろにさがっていった。

自分の脳味噌は、理解力や思考力がそれほど高くないらしい。私にとって受験期間とは、自分で自分に自分が馬鹿であることを証明し続けた二年間で、その敗北感は決定的だった。今でも私は旧七帝大出身と聞くと、反射的に羨望と引け目が脳内を駆け巡る。最近、ようやく防衛機制が働きはじめ、馬鹿なんじゃなくて、テストで点数をとるのがちょっと下手なんだなと思えるようになった。「月刊みすず」の目次を見るときは、このメンツで駆けっこしたら絶対負けないモン、と考えるようになった。

さてそのアンケート、中には一部の専門家しか読まない本を五冊並べる人もいる（学者なんて狭視野的じゃなくちゃ面白くない）が、全体的には後世に残すべき良本が多い。私はのめり込むように読んだ本や泣かされた本を挙げるようにしているが、手心を加えないと全部スポ根マンガになりかねないので、マンガは一冊だけ（今年はゼロ）で、小説とノンフィクションを拾い上げるという感じだ。ちなみにマンガを挙げる人はほとんどいない。

このアンケート特集には読み方がある。ざーっと流して、複数の人々が挙げている本をチェックするのだ。二人以上が挙げる本は面白い本である確率が非常に高い。

二〇一九年、複数名が挙げていた本は、『鶴見俊輔伝』『死を生きた人びと』『ある男』『星夜航行』などなど。いくつかは読んでいるが『ある男』は読売文学賞も受賞し未読だったので早速購入。登場人物たちの心理が的確ながらイカした表現で描写され唸らされた。

新書で複数人に挙げられていたのが『近代日本一五〇年——科学技術総力戦体制の破綻』と『日本軍兵士——アジア・太平洋戦争の現実』である。この二冊は微妙に関連している。前者は明治維新以来、日本が国を挙げて押し進め、ほとんどの国民がいまでも盲目的に追随する国策、すなわち「科学技術の発展にともなって経済も文明も生活もどんどん向上するぜ！」が、平成の最後にいよいよ天井についてしまったことを、時間軸に沿って理路整然と開示する。我々が信じ、歩いてきた道は実は袋小路で、明るい未来（なんてものがあるならそれ）には繋がっていなかったのだ。

後者の主題は第二次世界大戦中に日本軍兵士がいかに凄惨《せいさん》な体験をしたか。これまでもさまざまな本で語られてきたが、兵士の立ち位置から検証する軍隊と社会の関係性という切り口がサバイバル的に興味深い。

たとえば日本軍が虫歯を軽んじて、七～八割の兵隊が歯の健康に悩んでいたという記録。うまくものを噛めないことが、のちの栄養失調や飢餓死にも繋がった。しかも歯科医師が少ないことはアメリカ軍にバレていた。この弱みの漏洩《ろうえい》が戦局に影響したかは不明だが、こうした細かいことすべてにおいて日本はアメリカに負けていたのだ。

前線の維持には兵隊の頭数が必要である。年配者や学生や徴兵検査で不合格だった者でなんとか人員は揃えたものの、装備の調達が間に合わず、たとえば靴はブタ皮馬皮はもちろん、サメ皮まで導入され、強度が足りず、日本軍は兵隊の足の問題から移動能力が低下した。ロシア抑留を記した『生きて帰ってきた男』で、最重要装備とされていた飯盒も戦争末期には足りず、補充兵は竹の水筒だけで戦地に送られたという（小銃もなし）。

行軍中に背負う荷物の重さは、戦争が始まった頃には体重の三割五分から四割とされていた。体重六〇キロなら二〇〜二五キロくらいで、登山の感覚にも合致する。これ以上背負うと体力の消耗が激しくなり、目的が登山から荷物運びに変わってしまう。だが、戦争末期には兵隊によっては、体重の五割以上を担がされた。食事は減って、栄養状態も悪く、兵士の身体能力も低下しているにもかかわらずである。

食う寝る出すがうまくいったらその登山は成功、と私の登山の師は言った。それは人間が生きることすべてに通じている。

獲物になったり戻ったり猟師的視野新人類学

二〇一九・〇五

『ソウル・ハンターズ　シベリア・ユカギールのアニミズムの人類学』

レーン・ウィラースレフ著／奥野克巳、近藤祉秋、古川不可知訳（亜紀書房）

猟期のはじめに、今シーズンデビューの新人に少し付き合った。彼は立て続けに二頭の鹿を仕留めた。一頭は流し猟で、もう一頭は完全な単独渉猟である。私が単独猟ではじめて獲物を獲ったのは三シーズン目だったので、この新人は、かなり獲物運がいいといえる。

だがその後、猟果は続かず、猟期中盤には獲物なし。丸一日出猟しても、鳴きも聞かないという日もあったようだ。

猟期の最終盤にも一緒に猟場に向かった。最初の二頭以来なぜ獲れないのか、いろいろ考えすぎて、混乱しているようだった。

同じ猟場を別の日に歩いている私や他の仲間はそこそこ獲っている。同じことをしているはずの自分となにが違うのか。歩き方、歩く場所、心構え、いろいろ考えられるが、彼は自分から無意識のうちににじみ出していると思われる猟欲が気になるらしい。

殺気を気取《けど》られているというのは、猟をはじめた最初の数年、私もずっと考えていたことだった。

追っても逃げられるばかりなので、最初の頃は、待ち伏せをした。単独猟で獲った一頭目、二頭目は待ち伏せ、三頭目は発情中の大きな雄だった。発情期の雄は逃げないので撃ちやすい（テリトリーを守るためとのちに知る）。そして五シーズン目くらいから猟期の終盤に渉猟で仕留めることができるようになっていった。猟期の中盤に、へとへとになるまで歩き回ることで、その年、鹿が出没するポイントを摑んでいたことに加え、猟期の終盤は、標高の高いところに雪が積もってエサを求めた鹿が低いところに出てくること、冬の終わりで体力が落ちていること、そして何よりメス鹿のお腹が大きくなり逃げ足が遅くなることが猟果につながっていた（といまは思う）。

猟場を根気よく歩き回りながら私は、自分の殺気ではなく、いつしか鹿の気持ちを考えるようになっていた。発情、採餌、妊娠など、鹿たちの事情がわかってくるにつれ、鹿が身近な存在になっていき、自分の事情を考える（自分の猟欲をぶつける）より、獲物の事情を考える（鹿に寄り添う）ことが猟の中心になったのだ。

虫捕りや釣りが好きで幼い頃から生き物と接することが人生の中心だったことと、登山で死を意識することで、人間と他の生き物の命に価値の差なんかないと感じていたことも、そんな思考を後押ししたのかもしれない。

気がつくと私は、自分が鹿だったら自分（狩猟者）をどう見るのか、ということを考えていた。「他人の気持ちになって考えなさい」というお説教があるが、鹿の視線で世界を見てみるのも、なかなかおつな体験である。鹿目線で見る私は冷血非道の猟奇的殺し屋だ。

そんなことをどこかに書いたからだと思う。狩猟採集民族の世界観を報告する最新の文化人類学に私の名前がちらりと出ていた。なんでも文化人類学では世界中（モンゴロイド？）の狩猟民にしばしば見られる「狩る側が獲物と視点を入れ替えること」が「パースペクティブ」なる概念とともに注目されているらしい。

その報告で話題になっている本が気になった。『ソウル・ハンターズ』である。

手に入れてパラパラめくっただけで心拍数が上がっていくのがわかった。腰抜かし本の予感である。

シベリアの狩猟民の一見奇妙な習慣がさまざまな角度から分析されている。平易な言葉で書いてあるものの中身はちょっと難しく、よく理解しないと、次になにを言っているのかわからなくなる。だが、各論的に記述される内容はスリリングで、既視感に溢れていた。私が世話になっているチームの猟師小屋で老猟師の話を聞いているようだ。たとえば、言葉だけの情報を数ランク下に位置させること（見たものしか信じない）。狩りのシーンをしゃべりまくること。ケモノと人間を同列に扱うこと。

取り上げられる狩猟民族はシベリアのユカギール人。ウデヘ人（ゴリド人）だったデルス・ウザーラのお隣さんの少数民族である。デルスとおなじく自然現象や動物たちに人格を認め、獲物と猟師（自分）を入れ替えた視点から狩猟行為を説明する。アニミズムで括《くく》られるこれらの世界観は「精霊」という言葉を使って説明されることが多く、やや眉唾、もしくは野蛮、または科学的知識が劣っていると西洋世界から見下されてきた。

著者は現在のデンマーク国立博物館の館長。二〇年ほど前にシベリアの狩猟民を調査に行き、毛皮の輸出を手伝ったら、ロシアの毛皮商人に商売敵として命を付けねらわれることになり、シベリアの森の民のところに身を隠して一緒に暮らしたため、彼らの世界観に深く触れることになった。

著者は体験の先で、西洋哲学（現代科学）では、シベリアの狩猟民族の世界観を正しく理解できないと考える。考えるゆえに我ありを基本に自分の存在をまずは世界認識の絶対的立ち位置とすると、獲物と自分の間でその存在が揺れ動く狩猟民はもう、言説空間が違う宇宙人である。「むかし人間は動物にもなれたし、動物が人間にもなれた」という北米の先住民の詞は有名だ。もし個人というものの境界線が、我々が信じているより曖昧だとしたらどうだろうか。私と世界との境界線がぼやけたものだとし、鹿と世界の境界線もぼやけたものだとしたら、私と鹿はぼやけた境界線でつながっている。環境に住まう命を食べて、代謝を続けるという意味でも、ひとつの生命体と世界の境界線は実際に曖昧だ。

読了したものの実は私もまだよくわからない。ただ、読んでいるとなぜか手に汗をかき、ドキドキして、でもなつかしい。パースペクティブの交換は我々モンゴロイドの特技なのかもしれない。

二〇一九・〇六

感じない機械に世界はあるのだろうか　五蘊皆空《ごうんかいくう》とブッダ言うけど

『人工知能はなぜ椅子に座れないのか　情報化社会における「知」と「生命」』

松田雄馬著（新潮選書）

某私立大学に入学する長男が家を出ることになった。引っ越しのために軽のバンを借り、布団や家具を積み込んで賃貸アパートへ向かう道すがら、「大学で何やるの？」と聞いてみた。行くのはコンピューター系の工学部で、流行《はやり》の人工知能を研究したいらしい。

本書で紹介する本の選択は、コンセプトがないようでしっかりある。「生きるとはなにかに迫る」が根底に流れる命題だ。その延長で、人工知能系の本もいろいろと取り上げてきた。スポ根を人生の基本としている私にとって、プロ棋士（頭脳スポ根）がボナンザに圧倒的にやられてしまったのはショックだったし、アンドロイド系のSFやノンフィクション、『ホモ・デウス』も人工知能の話をたぶんに含んでいた。

命の起源は考えても考えてもわからない。ならばニセモノでもいいから作ったら何か見えるかもしれない、とはコンピューター工学が向き合ってきた試みのひとつである。将棋と囲碁で人を負かした機械が、いよいよ人間の知能を超えて独自に社会を制御し出す技術的特異点《シンギュラリティ》が最近は話題になっている。

いつの時代にも我々は、人間が人間以外の「なにかにヤラレル系」の話に興味津々である。病気、害虫、猿の惑星、エイリアン。肉食獣のエサだった時代の嫌な記憶が遺伝子にこびりついているのかもしれない。今回、人間を打ち負かそうとしているのが、自分たちが作り出したコンピューターであり、しかも分野が、ホモ・サピエンスが唯一地球で一等賞の能力「知能」であるとなれば、なおさらショックは大きいようだ。

私の登山は自分が生きていることを実感するための手段ともいえる。将棋棋士がコンピューターソフトに負けはじめたころ、たとえ将棋で負けたとしても、毛バリ釣りでは負けないぞ、と心のどこかで思っていた。アンドロイドは平地を二足歩行することすらまだ上手くできないのに、岩だらけの河原を歩くなどできるはずがない。そのうえで、渓流魚を釣るなんて絶対無理に決まっている。

ところがよく考えると、人工の装置が不整地を歩くのは、純粋に技術的な問題でしかない。人体並みに複雑なカラクリとそれを制御する計算の速いコンピューターと入り組んだソフトが必要であることは間違いないが、それらは現在の技術の延長線上にある。それどころかドローン型のアンドロイドにすれば、空中に浮かんでいるので歩く必要がない。ドローンから毛バリを結んだ糸を垂らし、それを渓流で水辺に落とすプログラムを組めば、魚を釣ることだってできるかもしれない。

「でもそれは釣りじゃない」と私の中で私が叫ぶ。

では釣りとはなんだろう。釣りとはそもそも、人間が食料である魚を手に入れるために考え出した手段だ。すくなくとも私が山旅の合間に渓流でやっているテンカラ釣りは、第一に食料調達である。

ドローン型渓流釣りアンドロイドのエネルギーはおそらく電気なので、食料確保という本来的な意味での釣りを理解することはない。だから、連中がやっているのは釣りのようで釣りではない。

ならばもしドローン型渓流釣りアンドロイドに、渓流魚のタンパク質を分解して燃焼し、そこからエネルギーを得るシステムを搭載したら、アンドロイドのやっていることは釣りになるのだろうか？

釣りの対象であるイワナは虫を食べている。その虫の多くは草木を食べている。草木は太陽エネルギーを利用して、空気中の二酸化炭素を酸素と炭素に分離し、炭素を有機物に変えて増殖する。だから生き物のエネルギー源を突き詰めると太陽になる。我々生物は、草木を介して、太陽エネルギーを取り込み動く、間接型ソーラーバッテリー装置なのだ。

だったらドローン型渓流釣りアンドロイドも、わざわざ魚からエネルギーを得るような遠回りはやめて、最初から太陽電池を組み込んだほうが話が早い。となるとあれ？　やっぱり釣りをする必要がなくなってしまう。釣りを理解して楽しむにはまず、生き物を食べる生き物である必要があるのだ。

まてよ、ならばゲームも同じでは？　ポナンザは将棋を本当に指しているのか？　将棋を指したいと思っているのか。対局者に勝ちたいと思っているのか。対局者と競い合うことで深い体験をしたいと思っているのか。ただ、与えられたアルゴリズムに沿って、学習し、計算しているだけではないのか。

人工知能が人間を超える瞬間を考察していくと、人工知能が意識を持って世界を見る日が来るのか、という問題に突き当たる。それはそのまま、我々の意識とはなにか、生命とはなにかという大問題だ。『人工知能はなぜ椅子に座れないのか』でも人工知能のことを解説しているうちに、生き物の身体性や命の秘密に迫っていく。我々は自分の身体を通してこの世界を認識する。実はそこ以外に命の立ち位置はない。変化流動する環境の中で、代謝、経験しながら、同時代を生きる生き物たちと一緒に、自分自身も変化していく。だからこその意識なのだ。

ところが身体のない人工知能には世界を認識する方法がない。まず、意識を生み出すプログラムを組んだ人間がいないし、それどころか、生きることを数式で表すことに成功した人間もいない。意識を持てない計算機はメモリーを増やし、計算速度を上げて、いったいなにを超えてどこに行くのだろう。

これから人工知能を学ぶならそこんとこよろしく、と長男に言っておいた。平成最後の昭和のへ理屈を超越して、ぶっ飛んだ存在になるからこそ、シンギュラリティなのではないか、と言われたら、そうなのかもしれないけど……。

まだ死ねない現生人類に科せられた幸福な報い介護と看取り

『死を生きた人びと　訪問診療医と355人の患者』

小堀鷗一郎著（みすず書房）

進化や自然淘汰の関係で、自然環境にとって純粋に有害な生物というのは存在しえない。ところが有害獣といわれる動物がいる。有害とは、ある生物種にとって有害ということである。もちろん「ある生物種」は人間で、その財産（農作物や山林）を害するから有害になる。

それら有害獣も昔から有害だったわけではない。最近、数が増えすぎ、人と生活環境が重なるので有害になった。だが、数が増えすぎたのはどちらかというとケモノではなく人間である。

ケモノを有害扱いしている人間のほうが、地球環境にとっては有害だ。地球温暖化ガスやエネルギー問題、砂漠化、熱帯雨林の減少、生物種の絶滅などなど。一部の人類はそれらを解決すべく活動中だが、どれも対症療法に過ぎない。根源的な問題は人口が多すぎることだからである。と話をはじめると「まず隗《かい》より始めよ」よろしく、言い出しっぺが死ぬのが筋になる。命は尊く繁栄と長寿は善と信じるやさしい人から攻撃を受けることもある。

私はそのうち山で死にそうだし（と言い続けて四半世紀）、ケモノの死に立ち会って、命は尊いという考えに疑問を抱いているので、センシティブな人の気持ちを忖度せず、多くの人が思っているにもかかわらず言わないことを穏便に書こう。

人が増えすぎて全地球的に困っているのに、自分の力で生命維持活動ができない老人を現代医療の力で延命させる必要があるのか？

老人に死ねと言っているのではない。自分の力で生きるのは自由。そうできない人を無理に生かすのはもうやめませんかという提案である。

野生環境の中では、自分で食料をとったり、水を飲みに移動したりできない生き物が生き長らえる時間は短い。人間以外の生き物は、どんどん生まれて、どんどん死ぬという方法で種を健康に保っている。それぞれの個体は生き長らえたいと感じているようだが、自然環境がそれを許さない。

「現代医療による延命は意味がない」と私は若い頃に考えていた。いま、我が家で寿命や医療の話題になると次男が同じことを言う。

「高校を中退したお前の人生も意味がないと切り捨てられるかもしれないぜ」と私。

「俺は今、一人で生きていくための修行をしているんだから、死にかけた老人を無理に生かすのとは違う」と次男。

このときの「意味」はおそらく「甲斐」や「値打ち」を指している。

さてそれでは、将来的に価値を期待できない命を切り捨てて、人類が効率よく向かうのはどこだろう。環境を食い物にして発展しても、もう先がないことがわかっている我々は急いでどこに行けばよいのか？

「(狭い意味での)現生人類は、未来の人類に対してどのくらいの責任があると思う？」と売り出し中の社会学者、古市憲寿くんに聞いてみた。環境保全の目的は、よくよく考えると曖昧だ。「(個人的に)自然保護したい」がおそらく自然保護思想の中心である。もっと言えば、環境に悪いことに加担したくないという美意識だ。「(個人的)欲望を満たしているだけ」という意味ではタワーマンションに住んで、電気祭りを楽しんでいる人と同じといえる。人類はいつか必ず滅亡する。それを先延ばしにする努力をいま生きている我々はどのくらいすべきなのだろうか？

「自分たちの活動が環境に悪いことを知らなかった昔はともかく、いまは知っているんだから、ある程度の責任はあるでしょ」と古市くん。「ただ、そのために辛いほどの我慢をする必要は感じない。もっと別の方法を考えたほうがいい」

『死を生きた人びと』を紹介するのに、前段が長くなってしまった。人の死に様というのは、いつの時代にも大きなテーマで、現代はさらに複雑な社会問題を孕《はら》んでいる。

著者は、若い頃は人の命を一秒でも長く延命させるために、メスを振るった外科医。それは「死を敗北」とする現場だった。退職する医師から在宅療養する寝たきりの患者を引き継いで、在宅看取りという死のあり方に出会った。国が終末医療の場を病院から自宅に移行させる方針を明らかにしてから五年が過ぎていた。

死ぬまで人として生きるとはなにかを、在宅看取りを通して考えるようになり、八割が病院で死を迎える現代日本の死のあり方、在宅看取りとはなにか、それが社会に受け入れられていく過程の苦労や問題、さらには命とは、尊厳とは、医療とは、に向き合っていく。

これまで七〇〇〇人近い訪問診療患者を担当し、その半分ほどの死に立ち会った。その中から現状を象徴する四九事例が紹介される。平均訪問診療期間が四年六ヶ月。それが十数行にまとめられた事例は、怒濤の死に際報告である。

いまだに死は敗北だと思っている医療関係者、病院に行けばかならず健康に戻れると思っている患者、近い将来に訪れる家族の死を受け入れることができない家族に、在宅で人生を終えるという選択肢を根気づよく提示するのが、在宅看取りの主な活動だという。

私は若い頃、老人の延命は必要ないと思っていた。最近になって少し意見を変えた。人が簡単に死ぬことができない面倒臭さを、まずは家族として、その後本人として、いやでも受け入れて、楽しむのが、平和で繁栄した現生人類に科せられた幸福な報いなのではないかと思っている。

二〇一九・〇八

食肉は迷宮にありひも解いてケモノと共に影と闘う

『いのちへの礼儀　国家・資本・家族の変容と動物たち』

生田武志著（筑摩書房）

版元から営業のためにと頼まれ、ツイッターをはじめて二年たつ。街にいる時は一日一回つぶやいてくださいという要望に、ネタ切れと、悪ノリが加わって、狩猟シーズン中は獲物報告をしている。

そこにヘイト返信がやって来る。大方は「お前が撃たれて食われてしまえ」というものだ。動物愛護主義者からの意見だと思う。

動物愛護主義であれば、ヴィーガン（絶対菜食主義）でないと筋が通らない。食品になる動物性タンパク質は、過酷な生涯を送る家畜たちによって提供されているからだ。

ヴィーガンは、他人にも菜食主義（肉食拒否）を強く勧めるので、肉を食べたい人からは煙たがられることが多い。

「肉を食べないのは自由だが、他人の食生活に干渉する自由はない」と我々はいう。だがそこには誤解がある。実はヴィーガンは菜食を勧めているのではないからだ。菜食は動物たちが虐待されるのを阻止するための方法のひとつである。

動物の扱いと肉食は深く関連している。肉をはじめとする動物性タンパク質を現在の経済流通にのせると、必然的に動物たちの扱いが非人道的になるからだ。経済システム上、商品には（その元が命でも）効率を求めざるを得ない。

　たとえば食肉用のオスの子牛や子ブタは麻酔なしで去勢される（一部は感染症で死ぬ）。ニワトリの雛（♂）は潰されるか焼かれるかする。育てられる家畜家禽《かきん》がほぼ身動きができないところでただエサを食べ続け、穀類を無理矢理胃袋に詰め込まれる牛もいる。さらに肉に脂をさすためにビタミンAを抜き、その影響で失明することもある。

　動物性タンパク質を商品として売るかぎり、この循環が止まることはない。止めるために自分は買わない、他人にも買わないでほしい。これがヴィーガンの主張（の幹）だ（と私は理解している）。

　私は山で自給自足の登山をして、食べる命は自分で殺すべきだと考えるようになった。感じた、というほうが近いかもしれない。その延長で狩猟もはじめた。以来できるだけ肉は買わないようにしている。実際にここ数年、私も妻も牛肉は一グラムも買っていない。まともな鹿肉を食べていると、売っている牛肉の不自然さが体でわかる。

　動物を不当に扱いたくないヴィーガンと殺しを買いたくない私は、命と食肉に関する「構造的暴力」に加担したくないという部分で深く重なりあっている。ただ、思想の体現方法がちょっとちがうだけだ。

　動物性タンパク質をまったく買わずに生活するハンティングベジタリアンは私の夢である。

といったことを『いのちへの礼儀』を読みながら考えていた。本書は、日本人と動物たちとの関わりを古今東西多角的に追う。その内容は多岐にわたり、少ない言葉では真意を伝えづらいので、まず、騙されたと思って、序章を立ち読みしに書店に行ってほしい。ある女性作家が飼い猫が産んだ子猫を崖の上から投げ捨てていると告白して発生した騒動を報告する。

その女性作家は、メス猫の存在のド真ん中である「子どもを産む能力」を避妊手術で取り去るほうが、子猫を殺すより悪いと考えた。

その考え方も考察に値する。そもそも子猫殺しは、なぜ感情的に受け入れがたいのか。猫のことになると過剰反応する人が多いのはなぜか。かわいい生き物とかわいくない生き物の違いは？テレビやネットには動物ネタがあふれているが、人間はなぜここまで動物に興味を抱くのだろう。

家畜家禽は人間と生きることを選んだ動物、という考え方がある。すべての哺乳類や鳥類を家畜家禽にできるわけではなく、その素養がある動物と鳥しか家畜家禽にはできないからだ。家畜たちは人間と暮らすことでその遺伝子を膨大に複製することに成功した。多少虐待されたり、食われたりしても、遺伝子的には大幅な黒字である。宇宙から地球を見ると、牛や猫がもっとも繁栄した生物で、人間はその面倒をみる奴隷に見えるという意見もある。

現在我々は、育てた家畜の肉を食べ、育てた畑の野菜だけを食べている。要するに生態系にはほとんど参加していない。文明の力を得て、繁栄して、膨らむ社会を支えるためにまた働いて、というのを繰り返しているうちにどうやらこうなってしまったようだ。

私が夢みるハンティングベジタリアンの道も本当のところ砂上の楼閣だ。というのも、現在の地球の人口を支えるには、化石燃料という地球のエネルギー預金を切り崩すしかないからだ。多くの人が都市文明で生活してくれるから、私はハンティングベジタリアンごっこができる。

捕鯨を巡って対立する両者の立ち場を客観的に分析したり、畜産業と温室効果ガスにまつわる問題も報告される。特に後者は地球規模の大問題だが、畜産業界は世界的に政治力が強いので、その情報を押さえ込んできた。

命の尊厳と向き合い、その上、地球の温暖化を抑えるためにも、ヴィーガンの主張はまっとうだ。そこそこ「うまい」以外のほぼすべてで、家畜は世の中を悪くしているのか。

肉と命と現代社会との関わりはもはや迷宮である。本書はそれを丁寧にひも解いていく。実はここまでが本書の半分。前半をふまえて後半で向かうのは、自己家畜化する人類が、動物との関係を見直して、動物と共存共闘していこうという穏やかで力強い提案だ。いったい何と闘うのか。本書を読んで自分の命を取り戻してほしい。

二〇一九・〇九

生まれ出ていままで生きてきたなかで一番きれいな約束だから

『流砂』

ヘニング・マンケル著／柳沢由実子訳（東京創元社）

ヨーロッパの文学をふたつ読んだ。ひとつは『ある一生』（新潮クレスト・ブックス）。平凡とは言えないが、劇的とも言えないある男の一生が淡々と描かれている。舞台はアルプスのオーストリア側、主人公の青春時代は二〇世紀中盤。人生は第二次世界大戦に翻弄されるが、そこに焦点は当たらない。命は生まれてくる時代を選ぶことはできない。時空間をすべて含んで、自分という存在があり、意識がある。生き残る者は必然的に仲間や愛する者の死を経験する。多く生まれ多くが死んだ時代である。

野良仕事、山仕事、戦争、ロープウェイの索道職人という人生から、なぜか目が離せない。主人公は晩年、経験を生かして、アルプスを訪れる観光客をガイドする。街で育った現代人と主人公は、世界との関わり方が微妙だが決定的に違っていた。

少し前に新潮クレスト・ブックスから出た『帰れない山』となんとなく重なる。こちらは、稜線を越えた逆側のイタリアの話だ。

どちらも入り組んだ話ではないのだが、惹き付けられるというか、ごりごりと胸に食い込んできて、読了後も心地よい痛みが残り、「あれはいったいなんだったんだ」とその感覚の正体を探して考え込んでしまう。人生を描きながら命のあり方や世界のあり方を問うという意味ではサバイバルな書物である。これらの本がヨーロッパではかなりの数売れて、支持されているという。うらやましい。芸術表現の中心地はやはり西洋で、読者や読書が成熟しているのだろうか。

なんとなく似たようなニオイを感じて手にとったのが『イタリアン・シューズ』（東京創元社）である。こちらもベストセラーで、著者のマンケルは、北欧を代表する作家らしい（知らなかった）。こっちはスウェーデンの初老の元医者の物語。医者というとインテリでちゃんとした社会人をイメージするが、読んでいて目を覆うような暗いダメ男ぶりがなんとも雄々しい。

初老の元医者はフィヨルドに点在する群島の別荘のようなところで隠遁生活を送る。かつて、自分でもうまく説明できない理由で捨てた女への想いを引きずっている。医療ミスのために医学の世界から追放されたことがほのめかされる（本人は納得していない）。

そこに、愛していたのに捨てた元恋人が訪れる。彼女がガンを患って余命宣告を受けていることを、ハンドバッグの中身を覗き見するクセで知る。彼女もダメ男ぶりを充分承知していて、覗き見されることすら想定内。元恋人の訪問の理由は、主人公が幼い頃に訪れた美しい湖に連れて行くという約束を人生の最後に実行してもらいたい、というものだった。

なんでいまさら？と聞く主人公に年老いた恋人は答える。

〈「それはわたしが生まれてからいままでの間にもらった一番美しい約束だからよ」〉

淡い記憶を辿って湖へ旅する道程が話の中心かと思いきや、そこまでがプロローグ。厭世し、隠遁する主人公の心が、湖への道中と、帰路に出会うひとびと、死を迎えようとする彼女によって少しずつ開かれていく。

「命とは時間とは人生とは」という大きな謎の答えに、状況を物語ることで迫るのは文学がもっとも得意としていることなのかもしれない。答えを文字で書くことができなくても、文字列でほのめかすことはできるのだ。

北欧を代表する作家の世界観にもっと触れたくて、唯一のエッセイらしい『流砂』に手を出した。

末期ガンであることを知らされたマンケルが、病と向きあった晩年に書き残したものだという。

〈私のようにまもなく七十歳――世界のほかの地域ではすでに夢のような命の長さなのだ――になろうとしている人間にとっては、治療不可能の病気が体に住みついてしまったという事実を受け入れるのはそれほどむずかしいことではない。〉

感傷的な闘病エッセイではない。くどいほどに出てくるのが一〇万年という時間。現在、北欧で核廃棄物貯蔵庫の建設が進んでいる。深い地中に埋めた核廃棄物の毒性が消えるのが一〇万年。そこまでホモ・サピエンス文明がつづくことは考えにくい。少なくとも我々は、一〇万年前の人類の遺物はなにも知らない。自分に残されたわずかな時間と、核廃棄物に含まれる永遠とも言える無責任な時間が、マンケルには気になってしょうがないようだ。

そこから、いろいろな人間の死と時間に関して、時空を超えた考察が繰り返される。

たとえば、北欧のある教会にある肖像画。家族を描いたその肖像画には、その時点で生存していた家族に加えて、幼くして命を落とした子どもたちまでが描かれている。存在しない子どもたち（六人）は、絵の中で後ろ向きだったり、家族の陰に隠れていたりする。幼くして亡くなったのに、成長した姿が想像で描かれている。

〈この絵は人間の分別と、人間の悲劇の両方を併せもっている。〉

たとえば、井戸掘り職人に頼んで井戸を掘った話を回想する。職人が勘で掘った井戸からは海水が出てくる。一万年前の氷河期にとじこめられた海水を汲み出せば真水が出るという。井戸掘り職人に勧められて飲んだその海水の味を、ガン宣告を受けてから頻繁に思い出す。自分に残されたわずかな時間と、永遠ともいえる地球の時間を行き来してマンケルは思う。

〈死が見えないものにされてしまっているのは、大きな文化的失敗である。〉

二〇一五年一〇月五日マンケルは生涯を閉じた。存在の謎に迫った小説家を、私はその死後に知り、死というものを考えている。

二〇一九・一〇

自己矛盾感じ己を否定するとき　スタンドバイミーハニーハンター

『HONEY HUNTERS OF NEPAL』

Eric Valli, Diane Summers 著（Harry N Abrams Inc）

読書には波がある。乱読する時期もあれば、ぱたりと本を手にしなくなってしまうスランプもある。ストレスフルな時期はミステリーや没入型の小説で現実逃避することが多い。スランプは、すごい本に出会ってしまって、その世界にいつまでも浸っていたいときにやってくる。他の世界（物語）が馬鹿らしくみえて、読む気がおきない。

今も小さな読書スランプに陥っている。理由は『HONEY HUNTERS OF NEPAL』だ。ネパールの山奥で自給自足生活をする人々が、ハングした（張り出した）岩壁の下に作られたミツバチの巨大な巣を獲る行為を紹介した写真集である。

（かなり重篤な）活字中毒症状のある登山関係者にこの本を教えてもらった。山岳書の古典だ、と言い張るのである。原始の登山がどのようなものだったのか我々は知らない。食料や物資を求める移動が、生活圏を拡大する行為に変わり、人間の可能性の追求として登山になったと想像している。日本では平安時代の山岳宗教で、神的な存在に接近する行為として「山に登る」ことが明確に意識されたようだ。

ネパールのハチミツハンターの舞台は巨大な岩壁。もし墜ちたら確実に死亡する。自分たちで撚《よ》った縄バシゴにぶら下がっただけの状態で、一本の竹の棒を駆使し、庇《ひさし》状に張り出した岩の下に作られたミツバチの巣（ハチミツがたんまり溜まっている）に紐を通して、岩から切り離して回収する。何百年前からおこなわれていたのかわからないが、そのロープワークは現在の岩壁登攀と共通する。だが、本書の核心はそこではない。

私事だがこの夏ひょんな縁から、ある限界集落の最奥で朽ちるままになっていた古民家の持ち主と知り合いになった。自由に使っていいという。

山から湧き出している水を引き、煮炊きのために薪を拾い、ささやかなソーラーシステムを導入して明かりとした。下水はなく、山に穴を掘って排泄する。畑もあり（現在休耕中）、ケモノも多い。要するに完全な自給自足が可能なうえに、社会から隔絶された夢のような環境である。

横浜の自宅でも、アーバンサバイバルなどと称して、周辺のものを獲って食べたり、ライフラインがストップしてもある程度は自活できるように、水源や自炊環境を確保してある。だが、生活の基盤は国が整備するインフラの上に成り立っている。

「3・11」以降、原発反対のデモに私も誘われた（登山者はその手の傾向が強い）。原発は嫌いである。もっと言えば化石燃料も嫌いである。だが私は、反対を声高に叫ぶことができなかった。発電所で発電された電気を使って生活していたからである。それどころか電気がなければ機能しない都市（国）で、日々の糧を得ているので、自分の命そのものが陰で電気に支えられているといえた。

使うということは、賛成することである。生活では賛成しながら、霞が関周辺で反対の意思表明をすることは私の中では筋が通らなかった。嫌ならさっさと東電との契約を切ればいい。デモなどで自分の考えを主張し、社会に参加するのも意味があるということは理解している。逆に発電所の電気をほとんど使わずに生活している人も知っている。

文明のさまざまな恩恵は人間に何をもたらしたのか。限界集落の奥の古民家で暮していると、自分の中に流れる時間が、都市文明の時間に染まっているのがわかる。たとえば、薪に火をつけるところから始まる煮炊きは、ガスコンロに比べれば数倍の時間がかかりわずらわしい。交通の便が悪いのも面倒が多い。

だが文明のお陰でいろいろなことが効率的で速くなり、それで我々はどうなったのだろう。何を得たのだろうか。食料を調達したり、薪を拾って火を熾《おこ》したりする時間と労力を節約して、その時間を自分の好きなように使えるようになった。本が読める。すばらしい。だがそのためにはお金を稼がなくてはならない。効率的な生活をするために、不快な時間を過ごしてお金をもらう。そしていつの間にか原子力などの毒をエネルギー源にするシステムに搦《から》めとられている。

限界集落は非効率だが、社会システムのほぼすべてから逃れることができる。健康保険と固定資産税と、憲法が定める勤労の義務からは逃れられないが、お金を必死で稼ぐ必要はない。食料調達や薪拾いなど非効率なことを楽しめるなら、ド直球で生きることができる。

山に登って、それをちょっと雑誌に書いて、だからなんなんだ？　ケモノを狩って、それを雑誌に書いて、ただの殺し屋か？　いったい自分の存在とはなんなのだろう。

そういうことを考えるのが私は好きらしい。最近、ひとつの答えに達した。若いときは自意識が強かったので街や人ごみのなかで自己表現をしたかった。いいおっさんになった今、山に引っ込んで静かに自力で暮らしたい。嫌いなシステムにできるだけ頼らずに生きてみたい。だが、自分はそんなことができる人間なのか、ずっと不安だった。

でも、今はハニーハンターたちがいる。私の心の支えだ。彼らの顔つきが素晴らしい。見ているだけで胸が熱くなってくる。こんなに格好いい人たちが地球にはいるのだ。

人並みにお金を稼いで、消費社会に参加しないのは、怖い。

不安になると、この写真集を手にとる。

大丈夫だ。

ハニーハンターたちのほうが格好いい。

命とは流動系のひとつのかたち　特別でなく物理法則

二〇一九・一一

『流れとかたち　万物のデザインを決める新たな物理法則』

エイドリアン・ベジャン、J・ペダー・ゼイン著／柴田裕之訳（紀伊國屋書店）

二〇一九年は、腰抜かし本に複数出会った当たり年である。といってもすべて新刊ではない。本書も邦訳は二〇一三年に出版された静かなロングセラーである。ここで主張される物理法則は一九九七年に発表された。

それは〈有限大の流動系が時の流れの中で存続する（生きる）ためには、その系の配置は、中を通過する流れを良くするように進化しなくてはならない。〉というものだ。

動くもの、流動するすべてのものは時間の経過とともにより良い形と構造になり、それは物理的に計算可能なデザインをとるという。

著者のベジャンはこの「コンストラクタル法則」を、万有引力やエントロピー法則とおなじく、この世の根源的な成り立ちのひとつだと力説する。

ちなみにベジャンは熱力学の分野では世界トップレベルの科学者で、本書に記した主張は、インテリジェントデザインなどの神秘精神世界系とはまったく異なる。とはいえ一読した私は驚きながらも「ほんとかよ？」という疑いをぬぐい去れなかった。

流動するものが何らかの法則に支配されていることは、これまでもことあるごとに指摘されてきた。粘菌の成長と都市の交通網の発達が似ているとか、人間の血管と、樹の根の発達が似ているとか……。河川、気象、生物、人生、文化などの流動には類似点がある。

そこに根源的な法則があるとあらためて言われても、こじつけに思えなくもない。

動物も流動系である。そのためその動きの進化をコンストラクタル法則は予測できる。たとえばスポーツ。コンストラクタルの法則は、北京オリンピックでボルトとフェルプスが勝利することを予測していたらしい。というのもこの法則は、同じバランスなら大きな選手のほうが速い(当たり前だ)ことを計算で示すからだ。

なお、陸上では黒人選手が活躍し、水中では白人選手が活躍するのも訳がある。黒人がプールに入る機会が少ないからというのは過去の理由で、世界大会の結果に顕著に現れるほど現在の人種差別は激しくない。コンストラクタル法則で「走る」と「泳ぐ」を分析すると、黒人と白人の身体の重心位置の顕著な違いから、自ずと現在のような結果になるらしい。黒人は重心が高い(脚が長い)ので走るのに比較的適していて、白人は重心が低い(胴が長い)ので泳ぐのに適しているという。

これらはコンストラクタル法則にとってはちょっとした余興と言ったところだ。走るものも、泳ぐものも、より良い方向に進化する。「より良く」とは、動きの妨げになる抵抗が小さくかつ全体に均一になるようになるということである。サメとイルカが魚類と哺乳類にもかかわらず、とても似たような形状をしているのは、泳ぐものとしてコンストラクタル法則に則《のっと》っているからだ。

この法則は相対性理論と同じく、根源的な法則であるため、マクロからミクロまでこの宇宙の成り立ちのすべてに当てはまるという。生命という流動体もそこに含まれる。私は命の起源を科学的に明言する文字列を人生ではじめて目にした。

〈生命とは、流れを良くするために生物・無生物両方の流動系が形を変える持続的な動きや奮闘、努力、仕組みだ。〉

宇宙ができた瞬間から流動するものはコンストラクタル法則に支配されて、より良く流れるように進化する。その中で、やや意外な展開として命というものが生まれ出たというのだ。この宇宙で人間だけが特別であるというキリスト教的な世界観を、ダーウィンとその信奉者たちが時間をかけて覆した。コンストラクタル法則はそもそも命が特別だという概念まで覆す。命も物理法則の結果でしかないのだ。

食物連鎖や適者生存で説明される生物の多様性は、太陽エネルギーによって流動する地球の流れを生物的により良くするためのデザインだと説明できる。

「じゃあ、意識は？」

生き物にある意識や情動は、その生き物（流動体）の流れを良くするために存在するものと説明できる。

流動するものは流れが良くなるように進化すると考えるとすべてのことがうまく説明されてしまう。『生命の歴史は繰り返すのか？』（化学同人）などで最近流行の進化収斂《しゅうれん》説の下地にもなっているらしい。単細胞生物やシーラカンスなどが、進化するはずの流動体でありながら、何億年もそのまま存在しているのは、より高次の流動系の流れを良くするためだと説明する。新しいものが古いものに取って代わるわけではなく、必要に応じて更新したり、積み重なったりするのである。

交通網が整備され、人間は、化石、原子、ソーラーにかかわらずエネルギーを消費して、どんどん移動能力を高めている。情報もデジタル信号になって世界中を飛び回る。すべてコンストラクタル法則である。地球環境の保護のためにいくつかの流動を控えるという方向は法則に反している（だからベジャンは評価しない）。たとえ一部の人類がそう願っても、その思いが物理法則に勝ることはないのだ。

大雨が降ろうが、灼熱地獄になろうが、地球温暖化ガスなどに関係なく、とにかく流動するものはより良く動くように進化するのが物理法則なのである。

法則が「足るを知る」ことはない。そう説かれても、私個人は生き方を変えるつもりはない。古い考えの人間が消滅して人類の共通認識は変わると、本書は指摘している。ぎゃふん。

二〇一九・一二～二〇二〇・〇二　長期山旅のため休載

二〇二〇・〇三

『僕はなぜ小屋で暮らすようになったか
生と死と哲学を巡って』

高村友也著（同文舘出版）

三ヶ月の休みをもらって（私は月刊誌の編集を仕事としている）、北海道の野山を財布を持たず、犬といっしょに旅してみた。そのため本書の元になっている連載も三回休んだ。

徒歩の長期旅行だったため、荷物が重く、本のたぐいはなにひとつ持っていなかった。私はそれほどひどい活字中毒ではない。少なくとも自覚症状はない。だが、旅のルート上に設置しておいた食料保管所に着くたびに、気がつくと食料品のパッケージの裏に書かれている成分表や注意書きをくまなく読んでいた。

「封を開けるときに手を切らないようにご注意ください」

実際に手を切る人がいるのか、皮膚の軟弱なそいつが製造元に文句を言うのか、首をひねった。もっとみんなが喜ぶような面白いことを書いて欲しい。

レシピはQRコードで検索するようになっていた。ひとつでもいいから知りたい。無事帰還した暁には全部検索しようと心に決めていたが、実際に帰還した今、まだひとつも調べていない。

徒歩旅行中に宿泊した避難小屋には古い山岳雑誌が並んでいた。私が山岳関係者のひとりだからかもしれないが、どの雑誌もあまり面白くなかった。雑誌より古新聞に心を奪われた。ニュース（というかオールズ）ではなく人物コラムを読んでから、ふと気がついて積み上げられた新聞をひっくり返し、日曜日の新聞を抜き出した。新聞が日付順に並んでいたのが、我が家の古新聞置き場に比べると奇跡である。提供した人の性向なのか、もしくはそもそも新聞を読んでいないのか。無銭旅行先で書評を読むというのは、その本を買えないだけに、もどかしく、せつない体験である。「これは絶対読む」と思った本をいくつか地図に書き付けておいたのだが、これもまだ一冊も購入していない。

北海道から帰還したばかりのころは、本をあまり読めなかった。徒歩旅行中に名前や銅像や肖像をしばしば目にした松浦武四郎の伝記や評伝を手に入れたのだが、ちっとも読み進められなかった。北海道に疲れていたのだと思う。

読書のリハビリにはマンガがいちばんだ。私が不在の間に我が家では『ブルーピリオド』がブームになっていた。美大系マンガ（『ハチミツとクローバー』『かくかくしかじか』）は構造的に名作にならざるを得ない。アートを志した者がアートに懸けた人生をアートとして描いたドキュメント・スポ根だからである。

そして長期不在中に『進撃の巨人』と『3月のライオン』と森博嗣のWWシリーズの最新刊が出ていた。タイムマシンに乗った気分である。もしタイムマシンがあったら、私はマンガや小説のつづきを読みに未来に行くらしい。

北海道の無銭徒歩旅行の直前に、とある廃村に建つ古民家を所有することになった。五〇歳を目前に、人生の折り返し地点を過ぎたことを強く意識し、「心に引っかかっていることを先延ばしにしている猶予はない」と気がついたのである。ごく簡単にいうと、旅も古民家も「やらないと、もう死ぬ」というわけだ。

『僕はなぜ小屋で暮らすようになったか』を手にとったのも、所有する古民家生活にプラスになることがあると思ったためだ。具体的な田舎暮らしのノウハウはまったく書いていない。意識ある存在である自分が有限であることを強く認識したさきで、山梨の雑木林に自分で小屋を建てて生活しはじめるまでの半生が「死の観念」とともに語られる。

著者の子ども時代は輝いていた。人類の試行錯誤の蓄積や叡智《えいち》を学校で習うことは、自分の人生を直接生きている手応えそのままだった。小学生の頃、野山を歩けば〈僕は一日で一生分生きた気がして、一生分生きたのにまだ明日がある、つまり自分は永遠に生きているのだと、そう思った。〉

そして同時に、圧倒的といっていい「死の観念」を心のうちに抱えていた。いつか死んで、永遠に戻ってくることはない、ということに子どもの頃から気がついて、分析していたのである。意識ある存在として開けているという奇跡（最高の幸運）は、それがいつか必ず終わるという恐怖（無限の不幸）と表裏一体なのである。

子どもの頃から、頭の回転が速く、ものごとを深く考える能力が高かった著者の半生は本人には大変でも、読んでいる側にはおもしろい。成長するに従って、世界を知ることを「人生そのもの」とは感じられなくなっていっても、勉学の試験で高得点をとるのが上手なために、それを自分の武器として過ごしていく。東大の理科二類に入り、考えるとは何かを考えるために哲学科に進む。就職はもちろん、研究者として生きていくことにも意味を見いだせず、自由を求めてホームレスのような生活もやってみる。

自意識が強くなる頃から、世界に対する好奇心や愛を失い、そのまま大人になった。そこに子どもの頃から離れることのない「死の観念」が加わって、真の自由（に近いもの）を求めて森の中に小屋を建てて住むことに到達する。

〈頭に「いつか死ぬのだから」という枕詞を付けると、その後にその人の本性を表す文言が続くようになっていて、しかもどんな文言でも成立する。（改行）つまり、いつか死ぬのだということを前提としたときに出てくる結論は、ただ一つである。自分に正直に、常に自分自身であるように、自分の生きたいように生きる、ということ。〉

私に言われているような気がした。現在、日本には無料の土地や空き家がたっぷりある。

二〇二〇・〇四

北海道無銭二ヶ月旅のあと十二国を二ヶ月旅す

『図南の翼』

小野不由美著（新潮文庫）

白状しなくてはならない。罪悪感はないのだが、まんまと乗せられた恥ずかしさがある。『十二国記』にハマってしまった。ここで紹介するためのハイブローなサバイバル書を読まなくてはならないのに、ついつい十二国記に手を伸ばしてしまう。『月の影 影の海』から始まって、丸二ヶ月、短編集を除いた本編を次から次に手にとり、今、一一冊目の『白銀《しろがね》の墟《おか》 玄《くろ》の月 三』を読み終えたところである。戴《たい》の王、驍宗《ぎょうそう》の消息がようやく判明した。もしあなたが同好の士だったら「そこで（原稿のために）中断できるのか？」と驚くだろう。正直、すべてを放り出して行きつけのくまざわ書店に走りたい。

二ヶ月前、北海道の長期無銭旅行から帰ってまず最初にしたことは、落ちに落ちた腹周りの脂を回復する爆食いだった。食べたいものを購入するためにスーパーマーケットに行ったら目眩《めまい》がした。昨日まで、食べる物は自分で獲るかザックで運んでいるものだけだったのに、目の前に並んだ食べ物をどれでも食べていいらしい。それらは逃げない、処理する必要もない、食べられるか検討する必要もない。なのに誰もその場で食べ出さない。そもそも、これだけの食料を一ヶ所に陳列する現代物流ってどうなっているのだ。

目につくものをすべて食べたいが、二ヶ月の間、完全自然食をつづけてきたのに、いきなり添加物がたっぷりの食品など口に入れたら、体が驚いて毒を吸収してしまいそうだ。コーンフレークとグラノーラと脂質の多い牛乳と全粒粉と小豆とサツマイモをカゴに入れ、ほかはあまり見ないようにして、レジに向かった。本物の牛乳を使ったチャイにコーンフレークとグラノーラをたっぷり入れて蓮華スプーンでかき込む瞬間を、旅の後半にずっと夢見ていた。アンコとチャパティと焼きイモも同じである。

爆食いへの期待を胸に帰路を急ぐ途中、書店の前を通った。現代文明から離れていた二ヶ月間に言説空間ではいったい何が起こっていたのか。

書店の正面で目につくのは『十二国記』という得体の知れないファンタジー。二ヶ月ぶりの新聞にも格好いい広告がデカでかと出ていた。これが空白の二ヶ月の出版業界の最大のトピックらしい。だが、私のこれまでの人生でのめり込めた長編ファンタジーは、『冒険者たち』などのガンバシリーズと『エルマーとりゅう』だけ。ハリポタもドラクエも挫折した。十二国記もとりあえずスルー。

だがその後、街の生活に戻っても、字の多い本に上手く入り込めなかった。マンガばかりを読んでいるわけにもいかず、なんとなく、マンガと活字本の中間として十二国記エピソード1を手にしてしまった。

そのエピソード1は私の期待を裏切り、読み進めるのが正直辛かった。いまどきのなよなよ女子高生、陽子（実は慶国の王）の煮え切らないというか、世界を受け入れる覚悟がないというか、逃げ腰なところがもどかしく腹立たしい。

我慢して上下巻を読み終えて、きっぱり手を引くつもりだった。そもそも、世界の生き物がすべて特殊な樹木である里木で生まれるという設定に無理がある。国を統《す》べる要人たちが騎獣で空を飛べるというのも、昇仙すると寿命が延びるというのも、なんだか御都合主義的な気がする。

だが、その「我慢」が引っかかった。私の感覚が正しいなら、このシリーズがここまで売れるはずがない。版元が巨大ポスターでイチ押しするわけもない。まだまだ序章で、この先にすごい世界が待っているのかもしれない。私は気がつかないうちに「蝕」で十二国に流されていたらしい。ふらふらとエピソード2に手を伸ばした。

全シリーズが王とそれを選ぶ麒麟にまつわる苦労のエピソード集である。甘ったれた登場人物が、地球のB面ともいえる奇特な成り立ちの世界で色々な経験をする。甘ちゃんなので、最初はちょっとイライラする。だが深く構築された十二国の設定と、人物描写に気持ちを引かれていくうちに、登場人物たちは苦労を越えて成長し、さらに物語の後半には、達観した仙人的役柄の見事な長ゼリフが、全体をびしっと引き締めて胸がすく。

基本的に逆境をいかに乗り切るかという話なので、全編サバイバル的なのだが、とくに黄朱が活躍するエピソード6の『図南の翼』は冒険活劇になっている。一二歳の少女が麒麟に謁見するため、黄海（という荒野）の真ん中に聳《そび》える蓬山を目指す。そこには黄朱という部族集団がいる。十二国のどこにも属さず、黄海で密かに暮らす民である。どこにも属さないからどこの保護も受けないが、それゆえ自由と自立を旨としている。〈王と麒麟と、実はそんなものは、人には必要ないんだ。（中略）王がほしいと希《こいねが》うのは依存だろう。浮民が家公《しゅじん》の慈悲を乞うようにして自ら王の下僕に成り下がる行為だ。〉と「王と麒麟のお話」を全否定して、格好いい。

荒野に暮らすが故のアナーキスト黄朱は、生き延びる技には長《た》けている。こっちの世界ならサンカやジプシーといったところだが、登山者のようでもあり、狩猟者のようでもあり、冷徹な態度とその奥に流れる熱い想いは、昭和の山ヤ的でもある。

同じくサバイバル的という意味では最新シリーズの李斎将軍や奸計《かんけい》で某所に閉じ込められた驍宗の生き残りをかけた執念も……。思い起こせば、李斎が陽子に助けを求めて慶国に逃げ込んだのはもう一五〇〇ページも前のことである。いったいこの後どうなるのだろう。

というこことで、最後の一冊を買いにいきます。

名犬であれと信じて旅をした　駄人駄犬と気づかないまま

二〇二〇・〇五

『ヒト、犬に会う　言葉と論理の始原へ』

島泰三著（講談社選書メチエ）

この春で、犬と暮らして丸四年になる。飼うのではなく、いっしょに暮らしている。犬を家族扱いするのは、まともな大人のやることではない。いまでも、犬を「ウチの子」と表現したり、自分のことを「（犬の）親」と言ったりするのはバカっぽいと避けている。

私は子どもの頃から犬に惹かれていた。我が家は公団の団地で、犬を飼うことができなかったため、ことあるごとに「一軒家に引っ越そうよ」と母親にこぼした。

中学生、高校生、大学生と自意識が強くなり、自分以外の生き物に向けるエネルギーがなくなった。その後の繁殖期間も登山活動と生活に忙しく、犬への想いなど忘れていた。

そしていま、身体能力が伸びない年齢になり、野生環境で自分に何ができるのかという自意識が薄れてきた。日本の主な山は登ってしまい、ひとりで登ってもかつてのような新鮮味がない。海外の山に行くのは面倒くさい。

この先なにをしようかな、と思ったときに「犬願望」が再燃した。ニワトリを飼いはじめて、人間以外の生き物が役割を持って生活の中に入り込んでくることへ、強い懐かしさを覚えたのもきっかけの一つである。狩猟で仲間の犬と接する機会も増え、なぜ人はこれほど犬に惹かれるのだろうか、と考えた。それを現場で自分の身体を通して探求してみたいと思った。

そんなとき、犬神さまの采配のような出会いがあり、我が家に子犬がやってきた。人が人として輝くのは、その才能を発揮したときである（と信じている）。たとえそこに死の危険があっても、ある山に挑戦するのはそのためだ。そもそも才能は挑戦の先にしか覚醒しない。

犬としての才能を発揮した犬と共に暮らすため、我が家に来た子犬（ナツ）に、転がっていた鹿の骨を投げ、生後半年から山に連れていった。

世の中には名犬の伝説がたくさんある。ナツもそんな名犬であって欲しかった。信じていたといってもいい。少なくとも私と犬は山の中で一心同体になれるはずだった。

三年、共に修業したあと、社会から三ヶ月離れて、北海道の無銭旅行にナツといっしょに行ってきた。そこで私が実感したのは、私が期待していたものとはまったく逆の、「犬は所詮、犬である」という現実だった。

着の身着のままで、よく歩き、よく眠る。鹿も見つける。何かに気を取られて走っても、一〇分もしたら帰ってくる。空腹にも強い。犬は旅の天才である。

だが、急いでいるときにいなくなってしまうことが数度あった。私が自分のために作った寝床にえらそうに寝転がった。獲物がないときにも物欲しそうな顔で見つめてくる。とおもったら、自分の好きな肉じゃないと食べない（鹿肉は食べるがキツネ肉は食べない）。

「今日は頑張って距離を稼いでおかないと、明日以降がヤバい（飯もないし、天気も悪くなる）」

と言い聞かせたにもかかわらず、鹿を追いかけて数時間帰ってこなかったこともあった。一心同体を望んでいるのは私だけで、結局犬は、自分の好きなことをしているに過ぎないのだ。

先日、その旅の報告を人前でする機会があり、犬と山旅を共にするに至った過程と、旅した結果、犬は心和む相棒ではあるものの、こちらの意を酌《く》む存在ではないことを悟った、と語った。

その報告会の会場に、昔いっしょに岩登りをしていた先輩がいた。報告後に私を捕まえた先輩は、人間文化への動物の関与を語り、「ブンショウは確実に成長している」と強調した。それは、猿が進化を続けても人間にはならないという話だった。類人猿を現生人類にしたのは、動物との関わり合い、特に犬との関わりだという説である。文化人類学の中でも動物と人間との関係を専門にしている人々の間では、少し前から議論されてきたことだ。大雑把にいうと、サルの社会性にイヌ（オオカミ）の社会性を加えると人間の社会性になるという説である。『オオカミと人間』（草思社）で、はじめてその考察に触れたとき、「これは正しい」と私は直感した。

この見解へ、いまこそ深く切り込もうと思い『ヒト、犬に会う』を手に取った。犬はただ、狩猟の手伝いをしたり、牧羊犬として働くだけではなく、人間的な心の特性を生み出した最重要ファクターであることを、その起源と能力と歴史から読み解いていく本だ。

シンプルな意思疎通は言葉より、身振り手振りや表情のほうが有効で、真意に近い。たとえば怒ったり喜んだりは言葉ではなく、態度のほうがわかりやすい。

言葉の始まりは形容詞ではないかと著者はいう。寒い、遠い、速い。ある奇特なイヌがヒトの群れに近づいて、気が合うヒトを見つけ、協力し合うようになったさきで、ヒトがイヌへ意思を伝えようとしたとき、形容詞が命令形に変わったのではないか。

「速く（指差すほうへいけ）」

ヒトが大脳皮質を大きくすることで時間的に幅のある世界観を持つようになった一方で、イヌはそれほど脳神経を発達させず、短い時間幅の中に生きている。「今日は水場がないから、朝のうちに飲んでおけ」とナツに言ってもわからない。ただ的確な短い発声で、いま為すべきことを語ることはできる。ヒトとイヌの融合はそこに生まれ、この相互関係からヒトは「単純な理屈」という概念を深め、それはヒトが人になるきっかけになったのではないのか。

おそらく犬と人との関係は、人が言葉を獲得する以前に始まった。命を食べることに含まれる矛盾を言葉で説明するのが難しいのと同じく、犬に惹かれる気持ちを言葉であらわすのが難しいのはそのためかもしれない。

言語以前の関係に私は迫れているのか。ナツが駄犬なのではなく、私が駄人であるというところから、もう一度はじめる必要がありそうだ。

外界はそのまま己鍛えて登れ世界とフェアに向き合う命

二〇二〇・〇六

『ザ・プッシュ　ヨセミテ エル・キャピタンに懸けたクライマーの軌跡』

トミー・コールドウェル著／堀内瑛司訳（白水社）

フリークライミングはある程度の市民権を得た。いまでは「クライミングしている」といえば、岩登りをしていたり、クライミングジムに通っていたりしてるのだな、と多くの人が理解する。

クライミング中に疲労やバランスの乱れで、自分を保持していることができなくなると、重力に引かれて、空間を落下する。通常はロープシステムや柔らかいマットが落下を止める。墜落のたびにケガをしていては、クライマーは命がいくつあっても足りないし、スポーツクライミングは最初から墜落を想定して成り立っている。

ところが、ときどきロープシステムが機能しなかったり、過激な思想からシステムそのものを構築しなかったりすることがある。その場合、落下の衝撃は人間の身体の破壊強度を超えるため、大怪我したり死んだりする。また、岩壁や岩稜地帯では、上から自然落石がくることも多い。落石が直撃すれば多くは死ぬ。

モータースポーツやボクシングなどクライミング以外にも、死ぬ危険が含まれているのに市民権を得ている行為はいくつかある。スポーツではなくても、車の運転、とくにバイクは危ない。だが少なくとも私の知り合いには、スポーツや交通事故で死んだ者より、岩壁や険しい山で死んだ者のほうが遥かに多い。危険なスポーツは上級者になるに従って死亡事故が減る傾向にある。ところがクライミングは、上級者になるほど危険が増す。行為の主体がより難しいルートやより厳しい環境を求めるからである。

死ぬかもしれない行為に身を費やしているために、クライマーの中には「岩壁登攀は身体表現だ」とか「生き方そのものだ」などという人がいる（私もそのひとりだ）。そういわれてもクライミングをしない人にはよくわからない。

そもそも登山は地理的探検の一分野だった。一九世紀から二〇世紀にかけて、近代化していた地域の人類は、地球の地殻が高まったところ（山）にロマンを感じ、国の威信をかけて登れるかどうかを争った。ヒマラヤの八〇〇〇メートル峰の初登頂時代は、現在に当てはめるなら宇宙開拓である。

いまその時代を振り返ると、国家事業としてやるほどの価値があったのかは微妙である。「価値」とは何かがそもそも微妙だ。少なくとも資源の開発や生息環境の拡大など、人類繁栄の直接的な効果はなにもなかった。ただ人間の好奇心や征服欲が満たされて、一部の人が命を懸けるほど熱狂した。自分は登らなくても、多くの人が登山や探検を偉業として認め、夢や希望を感じて評価した。自然環境の中で、できそうにないことをやり遂げるのは、多くの人にとっていつの時代も格好いいことなのだ。

登山や岩登りの流行（一〇〇年前から三〇年前）とともに、岩登りの方法論や技術、道具は発展した。クライマーは「よりすごいこと」を求めて、規模の大きな切り立った岩壁にまで向かうようになっていく。手足だけで登れないところを登るために「人工登攀」が生まれ発展した。岩壁に器具を打ち込んだり、埋め込んだりして、それを足がかり手がかりに登って行くという方法である。

最初は細長い丸太を岩稜に担ぎあげ、険しい岩の段差に立てかけ、その丸太を助けに難所を越えた。丸太が木のクサビや鉄のハーケンに換わり、最終的には岩にドリルで穴をあけ、ボルトを打ち込むという方法にまで発展する。ボルトが誕生して、理論的に登れないところがなくなり、あえて岩壁のど真ん中をまっすぐに登る「ディレッティシマ（直登）」という考え方にまで至るようになった。

人工登攀には「人類には好き勝手に自然環境をいじくりまわす権利がある」という人類至上主義的な価値観が及んでいると反発を感じはじめた人々がいた。

そもそも、人工登攀は作業であって登攀ではない。対象が岩壁でもビルの壁でもやることに違いがないからだ。自然環境は有限であり、岩壁を人工的に「壊して」登っていては、いつか対象がなくなる。文化として持続的ではない人工登攀はクールではない。

ちょうど時代がカウンターカルチャーが勃興した頃だった。そもそも、山や岩に登るクライマーは自然志向が強いという素地があり、そこにヒッピームーブメントが加わって、登攀者として「自然であること」が熟考される下地は整っていた。

登るとはなにか。自分のやっている行為の本質を突き詰めようとした一部のクライマーは「自分が本来持っている身体能力だけで登らなくては意味がない」ということに気がついた。フリークライミング（素登り）という概念の誕生である。

自然にあるそのままの岩を、自分の身体だけを使って、登る。もし自分の目指すところが登れなかったら、身体を鍛え、反復練習し、精神力を培って克服する。それは、自然は人間が御するものというキリスト教的な自然観とは、真逆のベクトルを持つ考え方だった。岩を相手とした舞踏のような、スポーツのような、修行のような行為である。

ここにクライミングはアートであり、思想であるとクライマーが言ってはばからない理由がある（ここまでが前置きです）。

本書はアメリカのヨセミテ国立公園にある巨大な一枚岩、エル・キャピタンをフリークライミングで登ることに人生をかけたトミーの半生記。名前と主な登攀歴しか知らなかった私は、いけいけどんどん的な暑苦しいヤツかと思っていたのだが、実はスクールカーストの底辺にいる不器用でコミュ障気味のもやしっ子。そんな青年が悩み、揺れながら、巨大岩壁を素登りする話に、四〇〇ページ強、クギ付けでした。

二〇二〇・〇七

セイウチに父を殺されエスキモー少年皮噛み雪原をゆく

『北のはてのイービク』

ピーパルク・フロイゲン著／野村泫訳（岩波少年文庫）

表紙で主人公のイービク少年はスルメのようなものを齧りながら歩いている。持ち物は槍が一本。「私もさきイカを齧りながらこの本を読もう……」などと思ってはいけない。イービクが持っているのは、イカではなく皮である。アルセーニエフが探検記に書いている。「食べるものがなくなり、空腹で動けなくなりそうなとき、『皮をしゃぶって、なにか食べていると自分を騙して、いそげ』とデルスー・ウザーラはいらない皮靴を切り刻んだ」と。

本格的な飢餓状態になったときに、なにか食べ物に類するものを齧るというのは、人類共通の方法らしい。天明、天保《てんぽう》の大飢饉のときに、木の根まで食べたという報告がある。木の根、とくにクズやカタクリなどにはデンプンがある。春に山菜が出る地面を掘り起こして、その根を齧っていたのだろう。

恒温動物は必要なエネルギーを食物から摂れないとき、栄養源の確保先を体内脂肪に切り替えることができる。現代人がおこなう肥満解消のための食事制限は、この生物的機能を使うものだ。この機能を空腹スイッチと呼び、鍛えることができると気がついたのがアドベンチャーレーサーの田中正人だ。登山には「シャリバテ」という言葉がある。疲労のなかでも、とくに空腹で動けなくなることを指して言う。この「シャリバテ」は新人に起こりやすい。登山に慣れた者が、初心者を山に連れて行くと、その連れが「シャリバテ」し、連れて行ったほうは「そういえばいつからか空腹のためにだるくなることがなくなったな」と感じるのだ。

これに目を付けたのが田中だった。初心者はシャリバテし、経験者はしないならば、慣れによって何かが変わっている。田中は朝起きて、朝食を食べずに一〇キロランニングするという実験をおこなった（私の友人の中でもやや極端な人間です）。最初は非常にだるかった身体が、続けるごとに楽になり、半月ほどで普通に走れるようになったという。

今では空腹スイッチは医学的にも検証され、その存在が確認されている。アドベンチャーレースのトレーニングとして、空腹スイッチの構築はもはや当たり前だ。体内脂肪をエネルギーに替えるためには、少量の炭水化物を媒介として摂取したほうが、効率がよいこともわかっている。

さて、イービクに戻ろう。なぜイービクは皮を齧りながら雪原を歩いているのか。本書はあるエスキモーの一家に起こった一冬の大事件を題材にした物語である。

ある夏の日、エスキモーの親子がセイウチ猟に出たことが発端だった。それはイービクがはじめてセイウチ猟に同行を許された記念すべき日だった。だが、自然も世界もセイウチもそんな記念日を忖度はしてくれない。

父親のカヤックは水音一つたてず、海上を滑るようにセイウチに近づいていった。銛《もり》を刺そうとした寸前、セイウチは狙われていることに気がついた。応戦のためにセイウチが反転する。父親は銛を突き刺し、カヤックの向きを変えた。だが、不運なことにその反動で銛に繋がる浮き袋がセイウチとは逆側に落ちてしまう。セイウチは暴れる。銛と浮き袋を繋ぐロープが父親に絡まり、カヤックは転覆した。

セイウチは北の海でもっとも危険な生き物である（と北極海をカヤックで旅した角幡唯介が『極夜行前』に書いている）。父親を助けるためにあたふたしていたイービクが目にしたのは、セイウチの牙で胴体を貫かれた父親の姿だった。

〈（父親）は大声をあげたが、ひーっと言っただけ。そのとき奇妙な顔つきになり、まるで笑っているように見えた。でもそれは、きっと痛みのせいだったのだろう。それがイービクの見た、おとうさんの最後の姿で、たちまちセイウチに水の中へひきずりこまれていった。〉

話が始まってまだ五ページ。人の思念が通じるのは人間社会の中だけで、世界はまったく関係ないという真実をいきなり開示するあたり、さすが岩波少年文庫である。

最大の働き手を失った家族にさらなる不幸がのしかかる。注意を怠ったのか、大切なことを教えてもらうまえに父親を失ったのか、失意のイービクが浜に置いたカヤックが満潮にさらわれて沖に流されてしまったのだ。

ここからイービク一家のサバイバル生活が開始される。一家は猟のため春に犬ゾリでこの離島にやってきていた。秋が深まり、海が凍り付けば、犬ゾリを使って本土にもどることができ、蓄えてある食料にありつける。冬の始まりまでなんとか食いつなげばいいのだ。

まずライチョウを獲って食べるが、その程度では爺母妹弟弟自分の一家六人の腹は満たされない。カモメのヒナを拾っても足りない。いよいよ犬に手を出さなくてはならなくなった。犬はナンセン、アムンセンの極地探検でも愛すべき相棒であり、ごちそうだ（人間の犬に対する複雑な愛情はここにその源流があるのかもしれない）。

海が凍った暁には、犬は本土に渡るソリの動力なので、生き残りの鍵でもある。海が凍るのを待ちながら大切な動力の愛犬を一匹一匹と殺していくジレンマ。不運なことにこの年、冬の到来は遅かった。

海が凍ったときはもう犬は一匹も残っていなかった。とうぜん食べ物もほぼ尽きていた。イービクは一家を代表して、徒歩で海を渡るべく出発する（皮を齧りながら）。その道中、イービクの行く手を塞いだのは、腹を空かせたシロクマだった。

イービクは言った。

「コロナで外出制限中でも、食べ物があるだけマシですよ」

ここでまだ、話は半分ほどです。

二〇二〇・〇八

給料の代わりにもらった銃を手に森に入った猟師リア充

『俺のアラスカ　伝説の〝日本人トラッパー〟が語る狩猟生活』

伊藤精一著（作品社）

感染症対策で移動が自粛されたため、山岳雑誌がいつものように「こんな山登りはどうですか」的ガイド記事を並べるのは、間の抜けた状況になった。そこで私が編集部員として所属する「岳人」七月号（六月一五日発売）は山の言説空間を特集した。平たく言えば山岳書特集である。たまたまエベレスト日本人初登頂五〇周年が重なったのでエベレスト関連書に焦点を絞り、私は夢枕獏の『神々の山嶺《いただき》』やクラカワーの『空へ』を読みなおした。

山を舞台にした小説は多数あるが、山をテーマとした小説はほとんどない。書き手が「なぜ登るのか」という大命題の答えを持っていないので書けないのだ。『神々の山嶺』はその大命題に正面から一〇〇〇ページをかけて、がっぷり四つで組みあった快作である。

「そこに山があるからじゃない。ここに、おれがいるから登るんだ」という登場人物の一人、孤高の登山者の主張が壮快である。登山は身体表現であり、肉体欲求であり、自己認識なのだ。「登る理由が知りたかったら、生きる理由を考えろ」という主人公の思想も賛同できる。生きることに意味があるなら、それが登る意味なのだ。

本連載のテーマの一つは、生きる意味を語る文字列を言説空間に探すというものである。五年探し続けていまのところ一つしか明確な主張に出会っていない。しかもその主張は「単なる物理現象である」という身も蓋もないものだった（ベジャン『流れとかたち』）。

「この世とは物理現象である」と言われればその通り。ただそこに命も含まれると科学的な根拠に基づいて言いきるのはなかなかの迫力だった。

某大手新聞がソーシャルディスタンスを再考するのに、山ごもりした人たちが書き残した書物を追うという連載企画をたて、私に声がかかった。クラカワーの『荒野へ』を再読して感想を聞かせてくれという。

取材を受ける直前まで『荒野へ』をめくっていたため、取材が終わり、新聞社を出ると手元に読むべき本がなかった。急いで書店に入り手にとったのが『ザリガニの鳴くところ』だ。賛辞賛辞賛辞に眉をしかめる天の邪鬼《じゃく》が読んで、自分も賛辞を送っちゃう評判の海外文学である。私は翻訳小説に関しては人の高評価を素直に受け取るタイプだ。そしてこの本は評判通り面白かった。

舞台は半世紀前のアメリカ東海岸北部。心に傷を持つ父親の暴力で家族が離散し、一人の少女が湿原の小屋に取り残される。野性児となってなんとか自活する前半はサバイバル。メインテーマは家族愛と友愛とラブロマンスと才能。狂言回しが殺人ミステリーで、スパイスが当時のアメリカ世相と終盤の法廷劇。そのうえ文字表現の特徴を意識した演出が施されていて……と説明するとてんこ盛りで食傷気味な感じだが、全体的にはしっとりと小説らしい純文学。

野性児といえば『荒野へ』の中で、（主題の若者とは別に）文明を完全に拒否して石器時代さながらの生活を送る奇人が報告されている。その同じ人物が『俺のアラスカ』では、より詳しく書いてある。アラスカの南海岸に小さな丸太小屋を建て、土間の真ん中に囲炉裏を掘って、ほんとうに石器時代の生活をしていたらしい。高学歴で経済的にも成功した人だったが、文明に頼らず生きると決めて、アラスカで一〇数年、石器生活をほんとうに送ったのだ。着の身着のままの服はススと脂でカピカピの鉄錆色、鼻の穴から鼻毛が束になって飛び出していたという。最期はすべての記録を燃やし、石のナイフを自分の心臓に突き立てた。

『俺のアラスカ』は『荒野へ』よろしくアラスカに移住した、一九四〇年生まれの日本人罠猟師、伊藤サンの体験談。縁があって師事した先住民から、三〇キロ四方のエリアに総延長一五〇キロの罠見回り道《トラップライン》を受け継ぎ、三〇年ほど、罠猟とハンティングガイドの生活を続けた。

ケモノとのやり取りやハンティングトリップの報告も面白いが、語り手である伊藤サンのアラスカ半生が「本当かよ？」的に面白い。アラスカに住むと決めて、渡米したもののあてもなく、たまたま目についたレストラン『クラブ・トーキョー』のトビラを開けたら、そこには現地人と結婚し、レストランを切り盛りする日本人女性がいた。同国人のよしみで働かせてもらった当時はパイプライン建設の真っ盛り。ゴールドラッシュさながらに、人と金があふれ返って、レストランは大繁盛。何を失敗したのか文無しになった者は銃を飲食代として置いていく。そうして手に入れたライフルを手に、伊藤サンは狩猟をしながら、地元に馴染んでいった。

永住権の許可申請が下り、身体検査で出向いた病院で医者に性器をまさぐられ、それを看護婦が笑いながら見ている。移住のための検査だと我慢し、街に帰ってから友人に報告したら、そのドクターは有名な同性愛者だと知らされる。

アラスカの個人運送業ともいえるブッシュパイロットたちは、どんなに慎重でもいつか帰ってこない日がやってくる。ただ一人、一五回飛行機を墜落させて、一五回ともかすり傷で帰ってきたパイロットがいた。伊藤サンの猟仲間でもあるそのパイロットは飲み過ぎから肝臓をやられ、ガンになって病院から見放されて、車椅子で帰宅して咳をしながら鼻血まで吹き出して、伊藤サンに向かって絞り出す。

「おまえ、ベア・ハンティングに行く用意、できてるか?」

ベトナムで片腕を失った用心棒。炭鉱労働者と暴走族の銃撃戦。生きる意味を身体そのもので求めるような、秒単位のすさましい生き方は、吹雪に閉じ込められてなにもできない冬の反動なのだろうか。

あとがきにかえて

私と山岳書

大学で始めた山登りに訳もわからず魅せられた。だが、人生のすべてを捧げるほど、登山の行く末や、自分の才能を信じることはできなかった。「大学卒業と同時に企業に加わり、お国のために勤《いそ》しむべし」という、六歳の頃から文部省（現文科省）にすり込まれた世界観は脳内に強硬に居座り、蹴飛ばす勇気もなかった。そして大学卒業の見込みが立った年に、気が進まないまま就職活動を開始した。

一流と言われる人気企業に就職し、実社会にとって有益な人間であることを証明した上で、ボーナスを数回もらって会社を辞め、登山の世界に戻ればいい。そんなことを考えていた。在学中に日本の山をそこそこ登り、貧乏旅行で地球を半周してきた自分が、就職活動のライバルたちに劣るはずはなく、日本の企業でも戦力になれると思っていた。

ときはバブル崩壊後の一九九二年、就職氷河期が始まったころだった。本心は山登りを続けたいけど、登山では食えないし、遭難死する可能性も低くない。そんな逃げ腰ではじめた就職活動である。山登りに未練を持っている内心を、人事部の担当は完全に見透かした。ある面接担当は

「君は就職しないほうがいいんじゃないの」とはっきり言った。

秋になり、年末になっても「内定」はなかった。今思えば順当な結果だが、当時の私は、自分は社会的に価値がないのだとけっこう落ち込んだ。

その社会からの評価を見返すために私に残されていた武器は……、やっぱり登山しかない。

登山で生きていくとは、ヒマラヤの高峰や世界の大岩壁で難しい登山を繰り返して、名声を得ることである。登山家として格好がつくレベルは山野井泰史かラインホルト・メスナー。だが、そうなるまでにいったいどれだけの修羅場をくぐり抜けなくてはならないのか。今思えば、発想自体が貧弱で的外れだとわかる（もしくは的を射すぎている）。だが当時は、汚いアパートの一室でひとり悶々と悩んでいた。薄暗い部屋で体育座りのまま宙を睨み、登山家として多少は世間の目を引くような存在になったときに生き残っている可能性を考えて、五割と見積もった。その見積もりに根拠はなかったが、多少知識があるだけに私にとってはリアルな数値だった。五〇パーセントの死刑宣告。数年後の生存率が二分の一と聞いて多くの人はどう思うのだろう。私は消化器官に不調をきたした。

そんな私を窮地から救ってくれたのは白山書房という山登りの書籍を専門に出している出版社の社長だった。一二月にある催しで出会い、「それならしばらくウチで働くか？」とその場で声をかけてくれたのである。

社長が編集、奥さんが経理、そして私という最小単位に挑むような弱小出版社だった。掃除から執筆まで、出版事業に関わることはなんでもやった。商業誌に本の紹介をはじめて書いたのもそのときである。ボブ・ラングレー『北壁の死闘』。季刊『山の本』のバックナンバーをあさればどこかにあるはずだ。

主な業務は営業だった。書店に赴き、登山関係の実用書担当を探し、こんどこのような本が出ますので注文お願いしますと頭を下げるのである。アポはとらず、飛び込み営業というのが業界の習慣だった。白山書房の本を売るためには、書店の山岳書コーナーを充実させるのが遠回りだが確実だと思い、「おもしろ山岳書ランキング」を作って持参した。ごくたまに山登りを趣味としている店員さんがいて注文が取れた。大方は、嫌な汗をかきながら、しどろもどろにせつめいし、チラシを置いて帰るだけだった。

そんな仕事をずっと続けることはイメージできなかった。かといって自分にいったいどんな未来があるのかもわからなかった。だから休日はがむしゃらに登った。給料は家賃と食費と山の装備と交通費にすべて消えた。納豆とトリ皮モヤシ炒めが定番のオカズで、年金も医療保険も払っていなかった。この週末に、山で死ぬかもしれないのに、どっちもバカらしい（医療保険は逃げ切れなかった）。

冬はコートを着ないのが耐寒訓練。ネクタイはわずらわしいどころかすこし暖かいので嬉しかった。数枚しかないワイシャツの洗濯が追いつかず、生乾きのシャツで出社した。ストレスフルな書店営業の合間に古本屋に立ちよって、山岳書のコーナーを眺めるのが息抜きだった。

そこには私の知らない山岳書がまだまだたくさんあった。山にのめり込み死んでいった登山者たちの古い記録。それは私以上の情熱とその報い、もしくは私と同じく登山と自分を信じきれなかった悔恨のこともあった。

一五〇円で手に入る中公文庫の上田哲農画文集に手を伸ばすのは必然だった。「画」は見ず、その文字列に私は心を奪われた。

上田は文化学院（裕福な文化人が子息を学ばせるアート系の学校）の美術科を卒業し、水彩を中心に創作活動をする画家であると同時に、谷川岳や北アルプスで最先端の登攀を行なうクライマーでもあり、山岳誌に寄稿する論客でもあった。

〈ぼくにとって岩登りとは絵にかくものではなく、やるものである。（中略）岩登りだって、絵だって説明ではなく表現なのだ。〉（「ぼくの岩登りの原点」）

絵描き、評論家、文筆家、登山家と多才な上田だが、登山家としての性格がいちばん強かったかもしれない。山や岩を描くことはあっても、岩に登る登山者を作品として描くことはなかった（小品はある）。上田は自分の登山を絵ではなく、登山行為として世に放ち、文字列に替えた。文学作品ともいえるその文字列は、登攀行為の核にある命の矛盾に迫ったかとおもえば、麓の人情に触れた体験や、山での怪奇現象を報告する雑談もある。ボリュームを勘定したら、只見の低山や丹沢の峠などを題材にしたほのぼの登山のほうが多いかもしれない。

上田本人のもっとも有名な登山記録は、白馬岳主稜の積雪期第二登（一九三四年）だろう。その白馬岳主稜登攀の記録が上田初めての単行本である画文集『日翳の山、ＨＩＮＡＴＡの山』を飾る主な作品（「ある登攀」）になっている。それは真正面から自分たちの登山を報告するものではなく、主稜に挑む別パーティを観察して、そこに自分の記憶を重ね合わせていくという文学的な形態をとる。

〈ぼくらの眺めているのは、頂上から百メートル余り下の、このメイン・リッジの首筋にあたるところにとまっている、そう、とまっている二つの人影だった。いや、その二人の運命をだった。〉

核心部で行き詰まる二人の登攀者の心情を想像しながら、自分の経験を振り返っていく。そして最後にあるアフォリズムを引用する。

〈自分が初登攀に成功したというだけでは不十分だ。他人が失敗しなければいけない〉

山を攀じることに自己表現を求める以上、登山に勝敗はないというのは登山者の自己欺瞞である。優劣を証明するために敗者が要る。このクライマーの屈折した自意識から上田は目を逸らさなかった。突き詰めればその自意識は、同好の士が墜ちて死ぬのを望む、という方向にむかう。そこには登山に内在する基本的矛盾――よりよく生きたいと思って死地に向かう――と似た構図がある。

この「認知的不協和」を上田は突き詰め、後年「アルピニズム発狂論」に昇華した。そして影響を受けた私はスキーを背負って白馬岳主稜を登った。

イギリスのある画家のことばに「芸術家が、人間の知的理解力のすぐ向こうにあるなにものかを直観していることは確実だ」というのがある。私はそれを一五〇円の中公文庫で知った。絵と山の両方を志す者の綴る作品は、ときに登山記録や文学作品以上に、鋭く登山の核心をえぐると気がついたのである。

私は、絵描きの書いた山の文章を探した。そして加藤泰三にたどり着く。

〈友人と見合す顔の間を雪が横切る。コップの中に雪が飛込む。(改行)下山の滑降が始まった。〉日帰りの山スキーツアーが吹雪に阻まれ、引き返すことになった。だが加藤は友人のように上手に滑ることができず、転倒する。吹雪の急斜面に取り残される心細さ、未熟な自分と向き合うやるせなさ。遭難の臭いを漂わせながら情景描写が綴られ、友人の暖かいまなざしと著者の情熱が、不安と恐怖を次第に凌駕していく。

なぜ山に登るのか、説明するのが難しいその答えが加藤泰三の「帰路」という小品に描かれている。そこに私は、ウダツの上がらない自分の人生を重ねていた。なんとか「ウダツを上げたい」と山に通う自分を見出して、涙が溢れてくるのを止めることができなかった。

まだ平凡社ライブラリーに入る前だったので『霧の山稜』は古本屋で三〇〇〇円前後が相場だった。泣くほど心を揺さぶられたこの本が三〇〇〇円程度の値札をつけたまま古本屋の本棚に並んでいてよいはずがない。私は古本屋で三〇〇〇円以下の『霧の山稜』を見つけると、買い求め、山仲間にプレゼントするのをひとときの趣味にしていた(現在はアマゾンで一円)。

上田の中公文庫(一五〇円)から加藤の画文集(三〇〇〇円)に手を出し、私は辻まことに戻ってきた。大学でフランス文学を専攻していたので、辻潤(ダダイスト)と伊藤野枝(婦人活動家)を親に持つ辻まことの作品はたしなむ程度には目を通していた。当時から人気だったその作品集を、いよいよ身銭を切って集め始めたのである。

白山書房の資料棚にも辻まことはそこそこあった。だが、社長が目を光らせていたので、借りるのは気が引けた。というか辻まことの作品を古本屋の棚から見つけ出すのが、外回りのときの私の密かな楽しみになっていった。

〈ずっと以前から私が無意識に大切にしていた精神の健康法は、矢張り自然の中に自分を置いて、すべてを新しく確め、そこから出直すという体操だった。〉

上田と加藤がはっきりとした登山者だったのにくらべてると、辻まことは自然人とか自由人などとカテゴライズされることが多い。画家になろうと中学校を中退してパリに行ったが、ルーブル美術館を見て、自分の才能に絶望したと述懐している。

登山も自分も信用できずに、山岳関係の小さな出版社で人生をすりつぶすように過ごす私にとって、山での体験を散文にして、ひょうひょうと生きているように見える辻まことは、目標であり憧れだった。器用で軽そうなスタイルの中にちらりと見える力強さに魅せられて（かなり恥ずかしいのだが白状すると）私は同じような絵を描こうと試みたこともある。当時私が出していた年賀状は、辻まことのタッチを真似した木版だった。

上田哲農はアルピニズムの一方で里山の低山を楽しんだ。加藤泰三も山スキーや人との交流との話が多い。そして辻まことは釣り、鉱物、山スキー、狩猟と、いまでいうアウトドアを幅広く楽しんでいた。三人の画文集を繰り返し読んでいた頃、私はアルピニズムの最前線を夢見ていたが、知らず彼らの影響を受けて、いまの自分に行き着いたのかもしれない。

三人の中で今でもよく手にするのは、辻まことである。私の人生に渓流釣りと狩猟の時間が増えたからという理由もある。だがそれ以上に、さらりと気取らないのに、どきりとする思想が隠されている文章に魅せられる。

作品からはほとんど感じさせないが、辻まことは戦争末期に中国で現地徴兵され、最前線に立っている。いま私が繰り返し読むのは、そんな辻まことの回想記である。

〈山賊というものがどんなものだか、多分読者諸君は小説やなんかでご存知でしょう。私だって面白がってそんな本を読んだことがある。殺人、放火、掠奪、強盗も文字を通じてただ想像しているかぎりでは害はない。そしてみんな山賊とはロマネスクなものだということをちゃんと知っている。ちゃんと知っているものだと私はきめていたのだが、ある日突然それが間違いで、私が山賊のいちばん下っ端の子分になっていて、周囲の仲間が皆真剣に山賊なのだという事実、これは山賊ゴッコではないのだという事実に直面して、なんともいえないショックを感じた。〉（『辻まことの世界』）

これが辻にとっての戦争だった。天津の新聞社をクビになって現地徴兵され、独立混成旅団の末端部隊の二等兵になり、戦争をその目で見て、実際に自分もやった。そんな自分たち兵隊を「山賊」と形容する日本人を辻まことしか知らない。その行為を「殺人、放火、掠奪、強盗」と言い切ったのも初めて読んだ。若い頃から山を歩いていた辻まことは傍目には優秀な歩兵だった。数奇な境遇を生きてきた諦観と、父親譲りの繊細さで、辻まことは自分の戦争体験を以下のように受け止めた。

〈こういう時間の中を自分が通り過ぎるのだと考えていたらいつまでも耐《たま》らないだろう。自分の経験という考えはとっくに捨てて、こういう時間が私を経験して過ぎていくのだと私は考えるようになっていった。〉（『辻まことの世界』）

花が花であるように、山が山であるように、石が石であるように、「私」はただそのようにある。本書でも触れたように、悟りをあえて簡単な言葉にするなら、そういうことらしい。ただあるように三次元を二次元に変換する。絵描きとはその体験を通して、何かを悟っているのかもしれない。

誇大妄想に現実がまったく追いついていないことに気がつきもせず、人生をもがいていた若かりし頃に私は、上田哲農、加藤泰三、辻まことの三人に救われた。いま、『本の雑誌』に五年ほど連載してきた読書感想文を一冊にまとめるにあたり、山岳書と言われる本をほとんど取り上げていないことが気になったので、遠い昔に過ぎ去った青春の日々と山岳書の思い出を最後に記した。

連載を一冊にまとめるにあたり読み返すと、似たようなことを書いているところが悲しいくらいに多い。存在論の堂々巡りに陥っていたり、マクロな視点とミクロな視点をごっちゃにして行き詰まっていたりする部分もある。日本語も最初のほうはちょっと固い。

いやな汗を書きながら加筆修正したが、あまり手を加えると別のものになってしまうので、ある程度で諦めた。ひとりの人間が、それほど多岐に渡る興味と、多様な思想を持つのは無理である。読み切り連載の重複には目をつむってほしい（申し訳ありません）。

二〇二一年の正月、新しい一年を始めるにあたり、今わかっている（と自分が思う）根本的なことを確認してみた。まず「自分（人間）は物体である」と思った。生き物は水をたくさん含む炭素化合物である。その物体は代謝もしている（流動している）。流動する物体なので、物理現象だといえる（ベジャン先生が言うように）。物理現象であれば、その動きや変化には必ず理由がともなう（因果関係がある）。体調の浮き沈みにも何らかの理由や流れがあり、精神の浮き沈みにも何らかの理由がある。ならば自分が物理現象であることを意識して、その物理現象が上手く動きつづけるように、因果関係を維持すればよい。それが完璧にできれば不老不死である。だができない。怠けてしまう。もしくはやりすぎてしまう。怠惰と情熱の完璧なバランスはない。たぶん、どちらかに寄らないとおもしろくないからである。「おもしろい」とはおそらく脳内物質（もしくは脳内パルス）である。感情はすべて脳内物質なのだろうか。そんなに単純な話なのだろうか。

謎は謎のままである。言説空間になぞの答えを探す旅はまだまだ続く（『本の雑誌』の連載も継続中です）。

服部文祥　はっとり　ぶんしょう

1969年、神奈川県生れ。学生時代はワンダーフォーゲル部所属。1996年から山岳雑誌「岳人」編集部に参加。カラコルム・K2や、剱岳八ッ峰北面、黒部別山や薬師岳東面など国内外に登山記録がある。99年から長期山行に装備を極力持ち込まず、食糧を現地調達する「サバイバル登山」と自ら名付けた登山をはじめる。16年『ツンドラ・サバイバル』で梅棹忠夫・山と探検文学賞を受賞。18年、小説『息子と狩猟に』が三島由紀夫賞候補。20年に、YouTube「服部文祥」を開設。

著作リスト

著書

『サバイバル家族』（中央公論新社）
『サバイバル登山家』（みすず書房）
『狩猟サバイバル』（みすず書房）
『ツンドラ・サバイバル』（みすず書房）
『増補サバイバル！』（ちくま文庫）
『百年前の山を旅する』（新潮文庫）
『息子と狩猟に』（新潮文庫）
『サバイバル登山入門』（デコ）
『アーバンサバイバル入門』（デコ）
『獲物山』（笠倉出版社）
『獲物山Ⅱ』（笠倉出版社）

編著

『狩猟文学マスターピース』（みすず書房）
『富士の山旅』（河出文庫）

初出
「本の雑誌」二〇一五年六月号〜二〇二〇年八月号

装幀
クラフト・エヴィング商會［吉田浩美・吉田篤弘］

本文レイアウト
松本孝一（inuuniq）

You are what you read.
あなたは読んだものに他ならない

2021年2月22日 初版第1刷発行

著者　服部文祥

編者　杉江由次

発行人　浜本 茂
発行所　株式会社 本の雑誌社
〒101-0051
東京都千代田区神田神保町1-37 友田三和ビル
電話 03(3295)1071　振替 00150-3-50378

印刷　中央精版印刷株式会社

定価はカバーに表示してあります。

ISBN978-4-86011-454-1　C0095